抓住大脑发育黄金期

每天10分钟益智游戏

[日] 加藤俊德 · 著
罗静 任兆文 · 译

発達が気になる子の“困った”
を減らし“意”を伸ばす脳育パズル

電子工業出版社
Publishing House of Electronics Industry
北京 · BEIJING

HATTATSU GA KININARUKO NO "KOMATTA" WO HERASHI "TOKUI" WO NOBASU NOUIKU PUZZLE BY TOSHINORI KATO
ISBN: 9784866802428

版权贸易合同登记号 图字：01-2024-5319

图书在版编目（CIP）数据

抓住大脑发育黄金期 ： 每天 10 分钟益智游戏 / （日）加藤俊德著 ； 罗静， 任兆文译． -- 北京 ： 电子工业出版社， 2025． 4． -- ISBN 978-7-121-49512-0

Ⅰ． G898.2

中国国家版本馆 CIP 数据核字第 2025VN6394 号

责任编辑：刘琳琳
印　　刷：三河市良远印务有限公司
装　　订：三河市良远印务有限公司
出版发行：电子工业出版社
　　　　　北京市海淀区万寿路173信箱　　邮编100036
开　　本：720×1000　1/16　　印张：8.5　　字数：70千字
版　　次：2025年4月第1版
印　　次：2025年4月第1次印刷
定　　价：58.00元

凡所购买电子工业出版社图书有缺损问题，请向购买书店调换。若书店售缺，请与本社发行部联系，联系及邮购电话：（010）88254888，88258888。

质量投诉请发邮件至zlts@phei.com.cn，盗版侵权举报请发邮件至dbqq@phei.com.cn。

本书咨询联系方式：（010）88254199，sjb@phei.com.cn。

译者序

从事儿童教育研究与实践的二十余年间，我始终坚信：每个孩子都蕴藏着无限的潜能，而科学的教育方法则是打开这扇潜能之门的钥匙。加藤俊德先生的《抓住大脑发育黄金期：10分钟大脑益智游戏》一书，正是这样一把兼具科学性与实践性的“钥匙”。在译介此书的过程中，我既深感共鸣，亦深受启发，愿借此序言与读者分享其核心价值与深远意义。

一、脑科学视角下的“发育黄金期”与教育实践

现代脑科学研究早已揭示，儿童大脑发育并非匀速进行，而是存在多个关键时期。哈佛大学的研究表明，0–6岁是人类大脑神经网络构建的高峰期，神经元连接速度在2岁前可达每秒700次，而到5岁时，大脑发育已完成90%。加藤先生基于这一发现，呼吁家长重视“大脑发育黄金期”，并强调虽然大脑的可塑性伴随终身，但早期干预的效益最为显著。例如，3~6岁是前额叶发育的黄金期，此时通过游戏训练记忆力、逻辑能力与判断能力，可事半功倍。

然而，许多家长对“黄金期”的认知仍停留在“三岁看老”的传统观念中，误以为早期教育需高强度地灌输知识。实际上，正如美国神经生物学家莉丝·埃利奥特博士所言，大脑的发育更依赖“丰富的感官体验、主动探索与亲子互动”，而非被动记忆。

本书的核心理念与此高度契合——通过每日10分钟的趣味游戏，将触觉、听觉、视觉等多感官刺激融入生活场景，让孩子在“玩”中训练大脑，这正是对黄金期最有效的回应。

二、游戏设计的科学逻辑与教育智慧

本书的益智游戏设计，处处体现对大脑发育规律的深刻洞察。例如：

1. 感官整合训练：通过“辨识表情”“连接视线”和“描线朗读”等游戏，全面激活大脑不同区域，促进神经网络的高效连接。

2. 梯度进阶：针对6~8岁年龄段的发展特点，游戏难度与目标动态调整。整本游戏从一个故事开始，从识图到记忆、从连线到连词，最后还安排了复习回顾，完美契合儿童认知发展的进阶性。

3. 亲子互动模式：书中游戏可请家长参与，这与哈佛大学研究提出的“父母是孩子第一任老师”理念不谋而合。通过轮流对话、协作挑战，孩子不仅能提升能力，更能建立安全感与自信心，奠定大脑健康发育的情感基石。

三、教育者的反思与家长的实践指南

作为教育工作者，我常目睹家长陷入两大误区：其一，过度依赖培训机构，忽视家庭场景中的日常渗透；其二，盲目追求“超前学习”，忽视儿童兴趣与能力的自然生长。加藤俊德先生的这本游戏书恰如一剂良方——每日10分钟的碎片化游戏，既无需高昂成本，又能将教育融入生活，将大脑训练转化为亲子共享的温馨时光。

四、结语：让科学回归生活，以游戏点亮未来

翻译此书的过程，亦是我对教育本质的再思考。加藤俊德先生以其深厚的脑科学背景与教育情怀，将复杂的大脑功能区训练转化为家长可带孩子操作的日常游戏，既是对“黄金期”的有效利用，亦是对“儿童本位”教育观的回归。

愿每一位读者能借此书，以游戏为媒，以陪伴为桥，在孩子大脑发育的黄金期播下智慧的种子。未来，当这些种子生根发芽时，我们终将见证：科学的教育，从不是一场焦虑的竞赛，而是一段充满惊喜的成长之旅。

罗静

北京学前教育协会副会长

2025年2月于芬兰赫尔辛基

写给各位家长

“我家孩子语言发育迟缓。”

“我家孩子避免和他人有眼神接触。”

“我家孩子不想交朋友。”

“我家孩子听不懂别人的话。”

“我家孩子总是很焦躁。”

“我家孩子安静不下来。”

“我家孩子和其他孩子不一样。”

随着人们对发育障碍的深入认识，越来越多的家长开始担心：

“我家孩子在某些方面发育迟缓，会不会是患上了发育障碍呢？”

近几年，由于人们越来越关注发育障碍这个问题，一些“发育状况令人担心的孩子”得以被尽早发现，能够通过早期干预帮助孩子扬长补短。

在孩子成长早期进行适当的大脑训练，可以降低患上发育障碍的风险。

从一万多个孩子的颅脑 MRI（核磁共振）影像中，能够得出什么结论呢?

发育障碍的根源在于大脑的发育存在问题。

我是一名小儿神经内科的医生，我运用自己发明的加藤式颅脑影像诊断法，分析、诊断了一万多个孩子的颅脑影像，并为他们做了相应的治疗。现在，我的诊所还设立了ADHD（注意缺陷与多动障碍）专科，对患有ADHD的孩子进行诊断和治疗。

大脑每个区域的功能都有所不同。我将大脑的功能分为八个系统，分别是运动系统、情感系统、听觉系统、视觉系统、记忆系统、传达系统、理解系统和思考系统，并将其命名为“大脑功能区”。在我的诊所，我会结合所有大脑功能区的活动让孩子进行“大脑功能区训练”。无论孩子还是大人在学习、交流以及进行各种日常活动时，都需要这八个大脑功能区相互配合，或者单独起作用。

我从大量颅脑MRI影像中得出：发育障碍和发育迟缓是因为大脑的个别功能区存在发育迟缓或各个功能区之间缺少配合的问题。实际上，发育状况令人担心的孩子的部分大脑功能区确实存在发育问题。如果你担心孩子的发育存在问题，就需要对孩子进行大脑功能区训练，使尚未充分发展的大脑功能区得以发展。

培养三个大脑功能区
扬长避短

学习和交流等活动需要调动多个大脑功能区。例如，“听课”这一行为就需要调动三个大脑功能区：

①听老师讲话（听觉大脑功能区）

②看黑板上的文字（视觉大脑功能区）

③在笔记本上记笔记（运动大脑功能区）

这三个功能区中只要有一个功能区发育迟缓，孩子就无法好好听课。

大多数发育状况令人担心的孩子往往存在着多个大脑功能区（组织网络）之间缺乏配合和发育不充分等问题。

一旦大脑功能区的某处发育迟缓，或是大脑功能区的连结不充分时，孩子就会很多事都做不好。

这样一来，孩子自然打起了退堂鼓，不想做自己不擅长的事。

孩子一旦感觉自己对某件事不擅长，就会错失锻炼尚未发育成熟的大脑功能区的机会，变得愈发不擅长。

现在我来稍加解释刚才提到的听课的例子。当三个大脑功能区发育不充分时，换句话说，当大脑活动不充分时会给孩子造成怎样的影响呢？

首先，当“倾听能力”发育不充分时，孩子上课无法集中精神，听不懂老师讲课，也无法与朋友顺畅交流。

其次，当“观察能力”发育不充分时，孩子往往不知道该看哪里，不能很好地活动眼睛。这时，孩子的视线不能集中，无法灵活掌握文字框，写的字会超出框外。此外，孩子还会很少感到快乐，进而影响情感系统的发育。

最后，当“行动能力”发育不充分时，孩子会感到手指很不灵活，无法随心所欲地写字。孩子也会不喜欢外出，整日宅在家里，不能与人顺畅沟通，思考能力也得不到培育。

实际上，我自己在小学的低年级学段时，有一件十分不擅长的事，那就是朗读。

我很难看懂全用平假名（译者注：日语的书写系统由平假名、片假名和汉字构成）写成的文章，无论怎么朗读，我都不能理解文章的内容，我学得十分吃力。最终，我的成绩仅处于“五阶段评价法”中的第二阶段。

当文章中既有假名又有汉字时，我的朗读障碍会改善一些。然而，朗读障碍却贯穿了我整个学生时代。

后来，我开始学医，在我四十多岁时，我根据自己的研究发现，我的“倾听能力”比“观察能力”和“行动能力”要弱一些，而朗读同时需要“倾听能力（听自己的声音）”“观察能力（阅读文字）”和“行动能力（张嘴出声）”。

开始上小学的年纪正是“倾听能力”“观察能力”和“行动能力”在大脑中发育的关键时期，这三种能力是大脑的基础能力，可以促进学习和交流。因此在小学时期培养孩子的这三种能力，不仅有助于大脑发育，而且对孩子的一生也会产生重要的影响。

“大脑益智游戏”是什么？

为此，我为发育状况令人担心的孩子设计了一些“大脑益智游戏”，从而培养他们“倾听”“观察”“行动”三种能力。

为了让发育状况令人担心的孩子也能在愉快的练习中提高这三种能力，我制定了三大“成长计划”。

成长计划一　所有的益智游戏都旨在培养三种能力

我已经反复提到发育状况令人担心的孩子不擅长同时使用大脑的多种能力。本书并不仅是逐一培养孩子的“倾听能力”“观察能力”“行动能力”，而是将重点放在同时培养三种能力上。

在成长计划三中，我设置了一些吸收了脑科学方法的益智问题。通过描线朗读，可以同时培养孩子的“倾听能力”“观察能力”和“行动能力”，而这一点，一般的书籍难以做到。

此外，书中穿插的益智游戏专门针对发育状况令人担心的孩子所不擅长的“察言观色”“视线活动”“未雨绸缪”“集中接触易错字”“理解细微的差异”“活用短期记忆”等能力，从而帮助他们提升诸多弱项的能力。

成长计划二　平衡左右脑，解答谜题

有发育障碍的孩子中有95%都存在着“海马体”和“杏仁核”发育迟缓的倾向。“海马体”和“杏仁核”存在于人的左右脑。在大多数情况下，左脑更容易出现发育迟缓的问题。

本书既有培育右脑的游戏，又有培育左脑的游戏。当孩子完成全部益智游戏后，我推荐让孩子再玩一次左脑的益智游戏（家长可以提前给孩子再复印一份游戏）。

或者，孩子可以在左右脑益智游戏中，选择自己不擅长的那部分，再重新玩一次。

成长计划三　强调实词朗读法

在本书中，只要是给孩子读的句子都使用了“强调实词朗读法”，给实词做了标记。

孩子有意识地一边强调实词一边朗读，可以提高对文字的敏感度，也更容易理解名词和句子的意思。

本书的益智游戏基于以上三大成长计划设计而成，旨在培育对孩子大脑成长不可或缺的三个大脑功能区，为孩子打下学习的基础。

除了发育状况令人担心的孩子，其他孩子也可以尽早接触“大脑益智游戏”。它会自然而然地提高孩子的学习能力，以及与人交流的能力。

不管是发育良好的还是发育欠佳的大脑功能区都需要被用心培养。一起减少孩子的弱项，增加孩子的强项吧！

加藤俊德

加藤白金诊所ADHD专科

小儿神经内科

目录

答案页

来自小熊猫的问候

初次见面！我是一只叫熊太的小熊猫，我是个男孩。能和你相遇，我非常开心！在这本书中，你将和我还有我的朋友企鹅妹一起享受益智游戏！在玩益智游戏的途中，我的其他朋友也会陆续出场！

每天完成一些益智游戏，相信你和我都能有所成长。

现在我来讲解一下如何玩这些益智游戏吧。

请准备一支铅笔，然后缓慢地出声朗读问题。在有些情况下，还需要使用彩色铅笔哦！完成益智游戏后，记得请家长检查！建议每天完成一两个益智游戏！我理解你偶尔想偷个懒，但是，请你和大家一起加油，来愉快地玩游戏吧！

那么，请开始吧！！

熊太和熊太的朋友

熊太

内心温柔的熊猫熊太，最喜欢吃苹果。

企鹅妹

能说会道的企鹅妹，总是丢三落四。

魔法师

身上有许多谜团。似乎以前与熊太关系很好。

小老鼠

最喜欢熊太，喜欢吃南瓜的种子。有许多兄弟姐妹！

猫妈妈和小猫兄弟

猫妈妈总是温柔地守护着淘气的三胞胎。

一（右脑）辨识表情

1

请你在第 2~3 页找到和左上角的熊太有相同表情的图画，并把它们用○圈出来。

请你在第 2~3 页找到和右下角的熊太有相同表情的图画，把它们用□圈出来。

2

请你在第 4~5 页找到和左下角的企鹅妹有相同表情的图画，把它们用○圈出来。

请你在第 4~5 页找到和右上角的企鹅妹有相同表情的图画，把它们用□圈出来。

3

请你找到和中间的大熊太有相同表情的图画，并把它们用○圈出来。

4

请你找到和中间的大企鹅妹有相同表情的图画，并把它们用□圈出来。

1

二（右脑）寻找不同

左边和右边的图画有 6 处不同。

左

请你在右边的图画中圈出不同之处。

右

2

上面和下面的图画有 7 处不同，请你在下面的图画中圈出不同之处。

上

下

3

上面和下面的图画有 8 处不同，请你在下面的图画中圈出不同之处。

上

下

4

上面和下面的图画有 9 处不同，请你在下面的图画中圈出不同之处。

上
哎呀呀！
一个魔法师出现了，我好像闯进了一个神奇的世界！
下

三 （左脑）观察日历

1 观察日历，请你完成3个小任务！

1月

日	一	二	三	四	五	六
	1	2	3	4	5	6
7	8	9	10	11	12	13
14	15	16	17	18	19	20
21	22	23	24	25	26	27
28	29	30	31			

① 请圈出1月所有的星期日。

② 图中的1月有几个星期一？ （ ）个

③ 1月1日是什么节日呢？ （ ）

2

观察日历，请你完成3个小任务！

2月

日	一	二	三	四	五	六
				1	2	3
4	5	6	7	8	9	10
11	12	13	14	15	16	17
18	19	20	21	22	23	24
25	26	27	28	29		

① 2月一般只有28天，然而每4年会多出1天。请把多出的1天用○圈起来。

② 请用△圈出2月所有的星期六。

③ 2月的“工作日”有几天？（ ）天

3 观察日历，请你完成 3 个小任务！

10月

日	一	二	三	四	五	六
		1	2	3	4	5
6	7	8	9	10	11	12
13	14	15	16	17	18	19
20	21	22	23	24	25	26
27	28	29	30	31		

① 熊太的生日是 10月28日！请在日历上用○圈出！

② 熊太的生日是星期几呢？　　星期（　　）

③ 熊太现在6岁，过了生日后他会变成几岁呢？　（　　）岁

4 观察日历，请你完成 3 个小任务！

（　　）月

日	一	二	三	四	五	六

① 制作你出生月份的日历吧！

② 用○圈出你的生日。

③ 下一次过生日，你会变成几岁呢？　（　　）岁

5 观察日历，请你完成5个小任务！

日	一	二	三	四	五	六
		1	2	3	4	5
6	7	8	9	10	11	12
13	14	15	16	17	18	19
20	21	22	23	24	25	26
27	28	29	30	31		

① 用○圈出“1日”。

② 用△圈出“5日”。

③ 用×标记“6日”。

④ 用√标记“8日”。

⑤ 用 把“20日”涂黑。

6

观察日历，请你完成 2 个小任务！

（   ）月

日	一	二	三	四	五	六
1	2	3	4	5	6	7
8	9	10	11	12	13	14
15	16	17	18	19	20	21
22	23	24	25	26	27	28
29	30	31				

① 请把一年中的最后一个月份填在上面的括号里！

② 下一年的第一天是星期几呢？ 星期（   ）

四 （右脑）锻炼记忆

1

这 5 个图形分别在哪里呢？请你记住它们的位置，然后看第 20 页。

方框中多了一个第 19 页没有的图形，请你把它圈出来。

2

这 4 个图形分别在哪里呢？ 请记住它们的位置，然后看第 22 页。

方框中多了一个第 21 页没有的图形，请你把它圈出来。

3

方框中有什么东西呢？请你记住它们的样子，然后看第 24 页。

与第 23 页相比，方框中少了一样东西，请你说出缺失的那样东西。

缺失的是什么呢？（　　　　　）

五 （右脑）排列顺序

1

请你给下面 4 幅图标出正确的顺序！

2

请你给下面 4 幅图标出正确的顺序！

3

请你给下面 4 幅图标出正确的顺序！

4

请你给下面 6 幅图标出正确的顺序！

5

请你给下面 6 幅图标出正确的顺序！
有 1 幅图是干扰项！

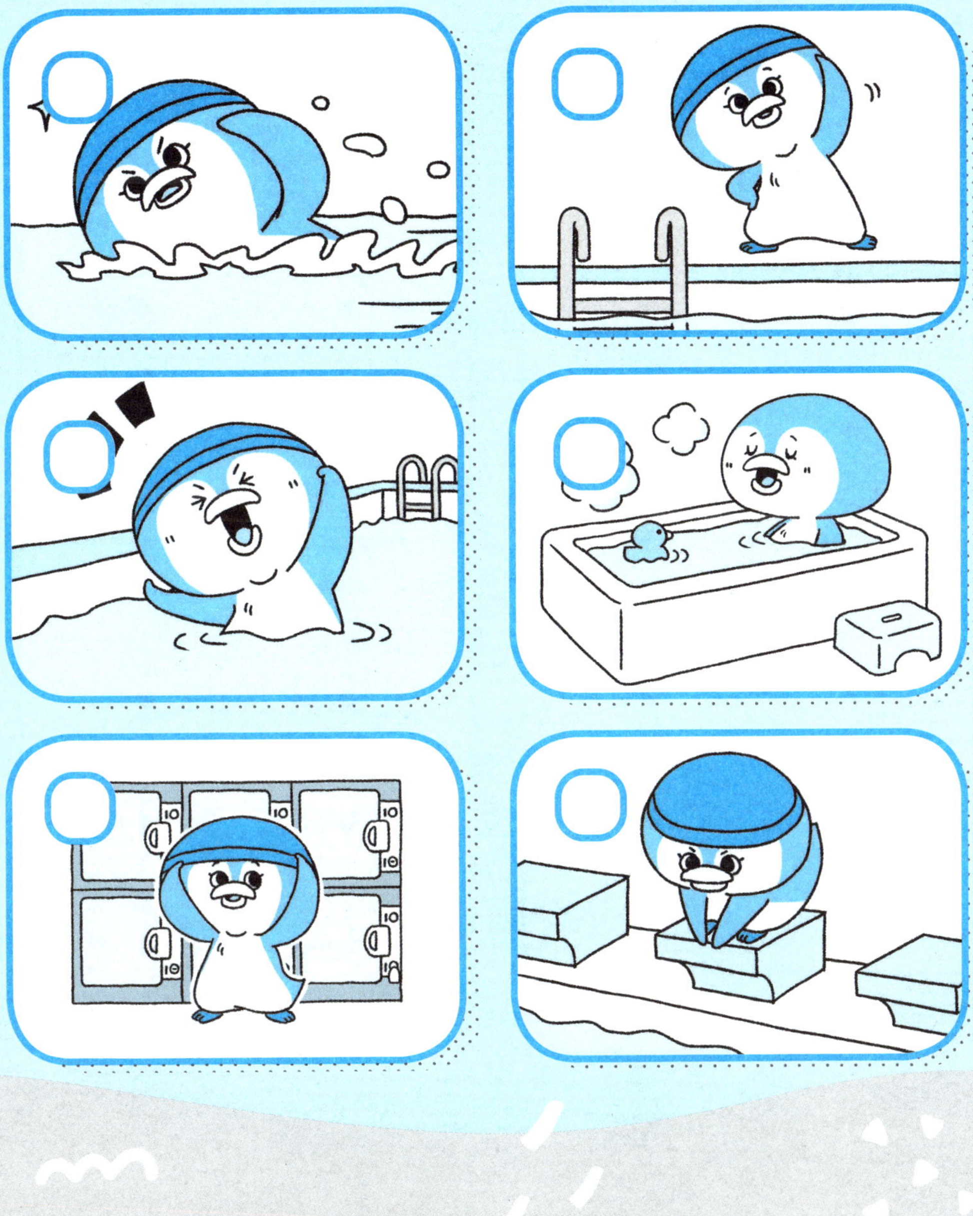

六　连点成图

1

请你模仿范例连线！

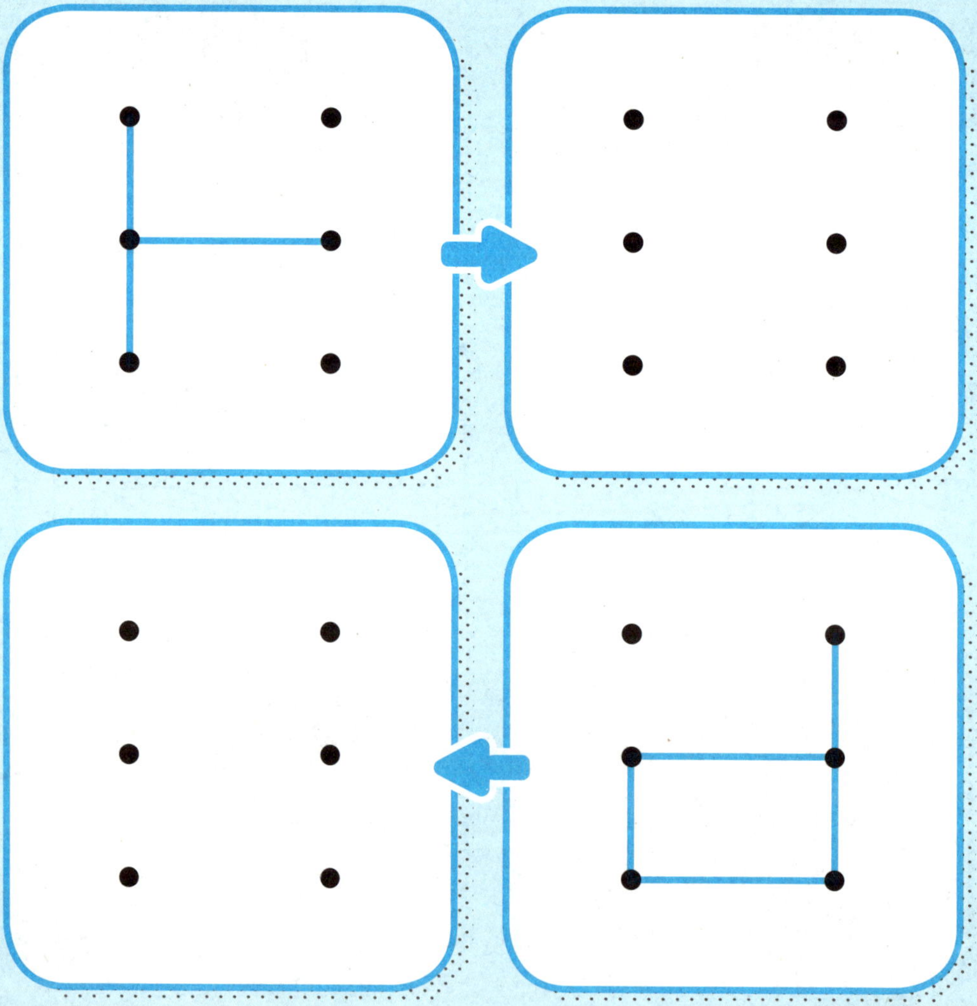

2 请你模仿范例连线！

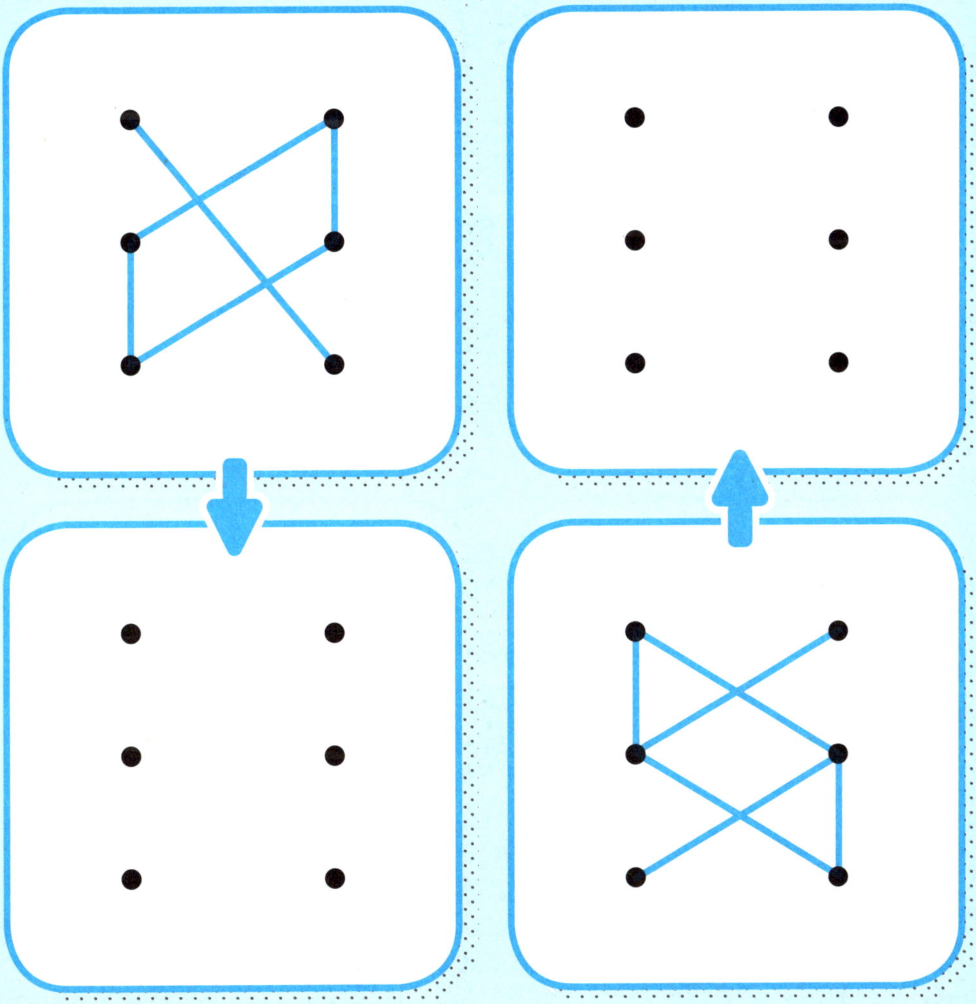

3

请你模仿范例连线！

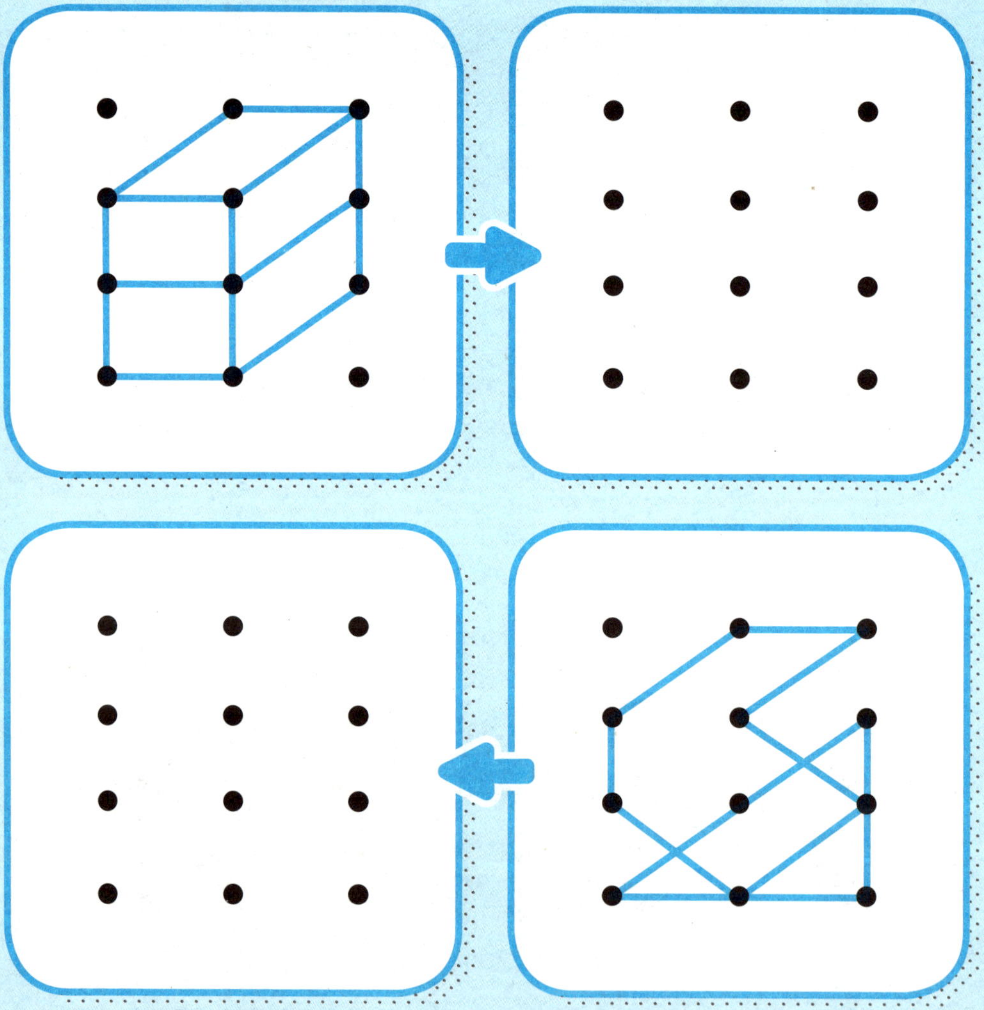

4 请你模仿范例连线！

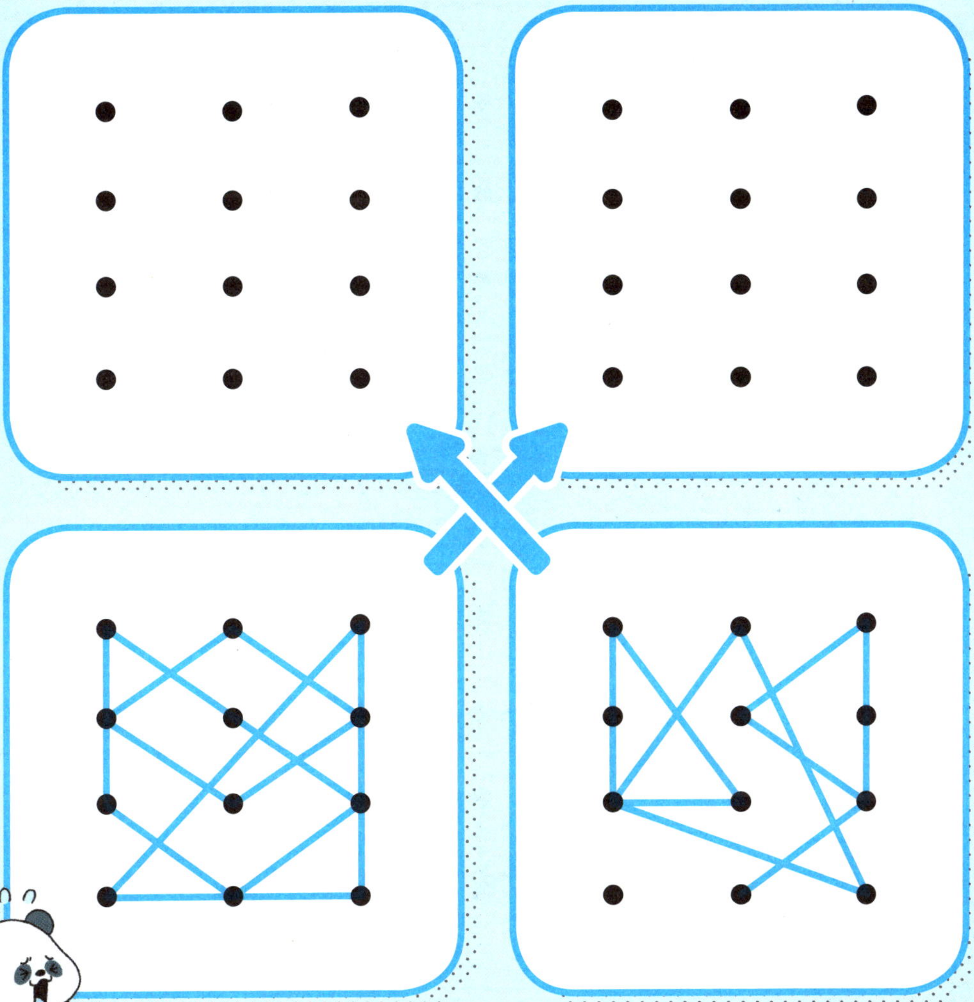

六 （右脑）连点成图

5

请你模仿范例连线！

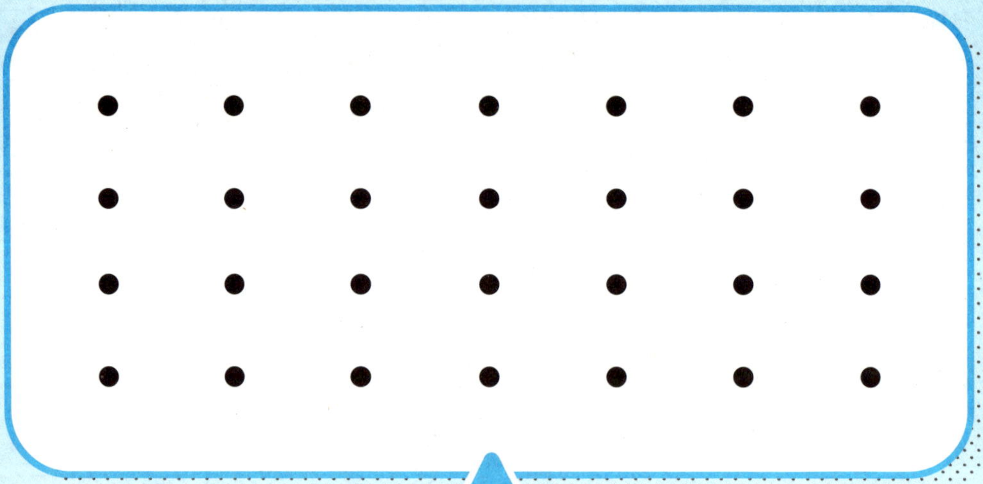

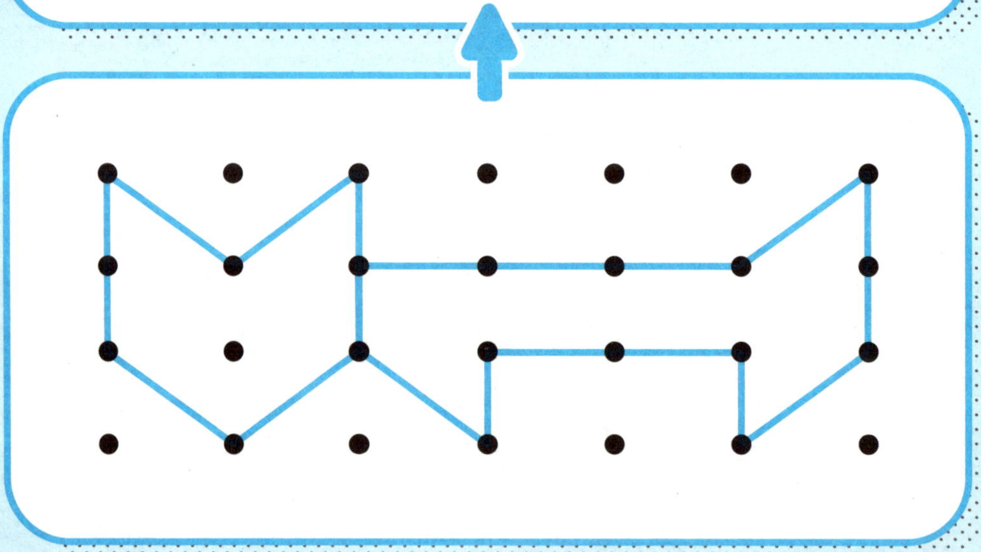

6 请你模仿范例连线！

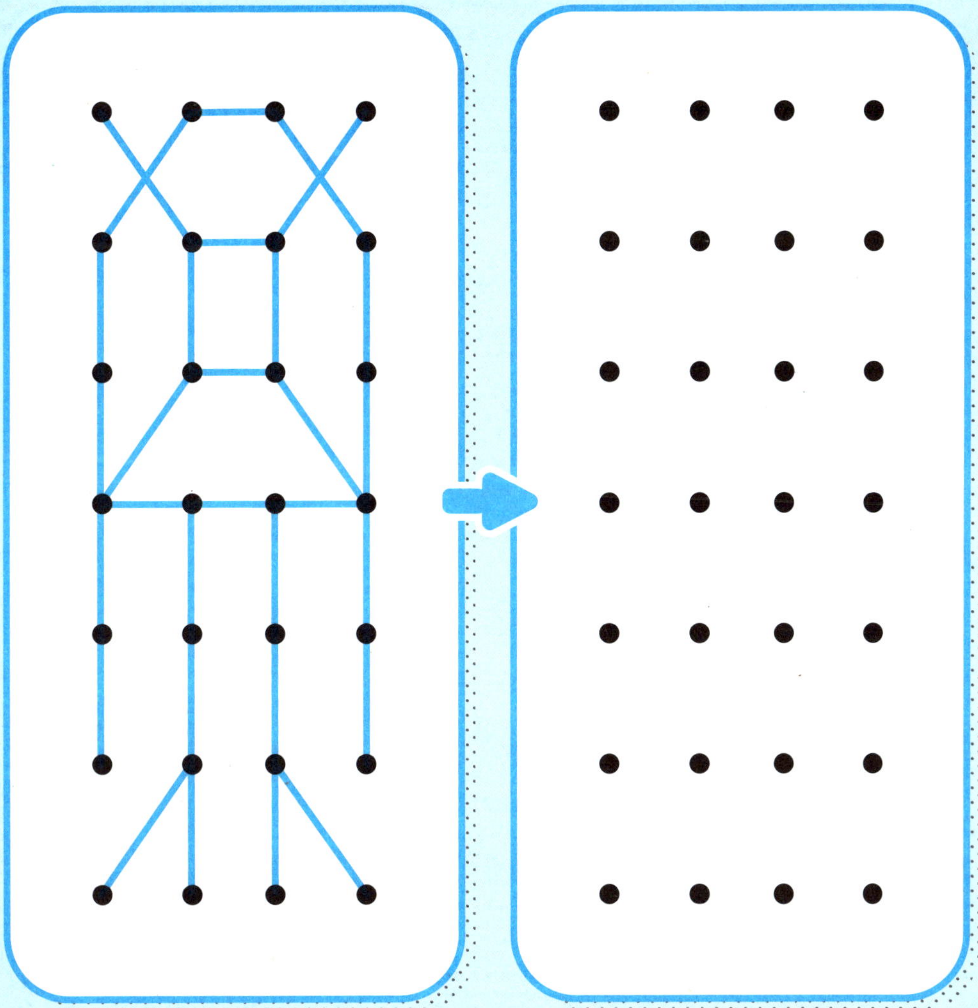

七（右脑）连接视线

1 大家都在看向哪里呢？请你用箭头连接它们的视线。

2 大家都在看向哪里呢？请你用箭头连接它们的视线。

3 大家都在看向哪里呢？请你用箭头连接它们的视线。

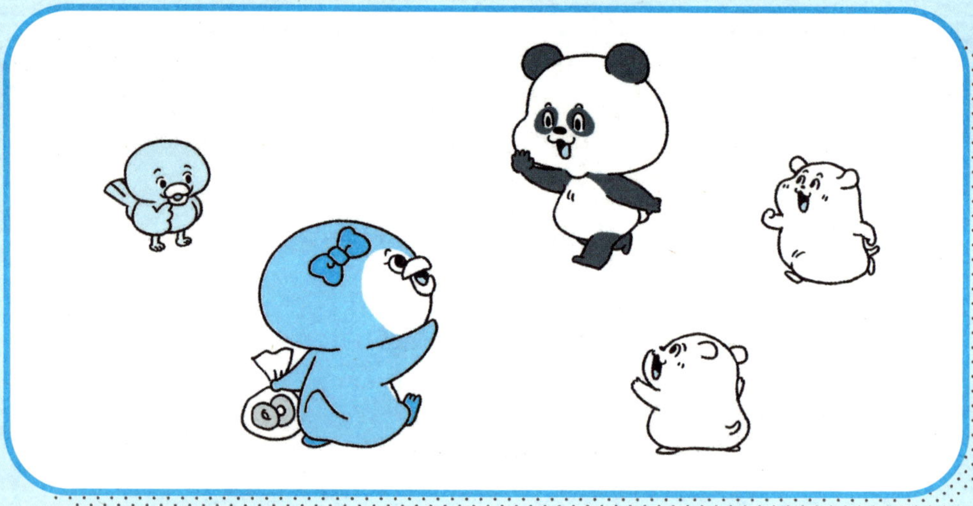

4

大家都在看向哪里呢？请你用箭头连接它们的视线。

抓住大脑发育黄金期

5 企鹅妹在看什么呢？请你把它看的东西圈出来。

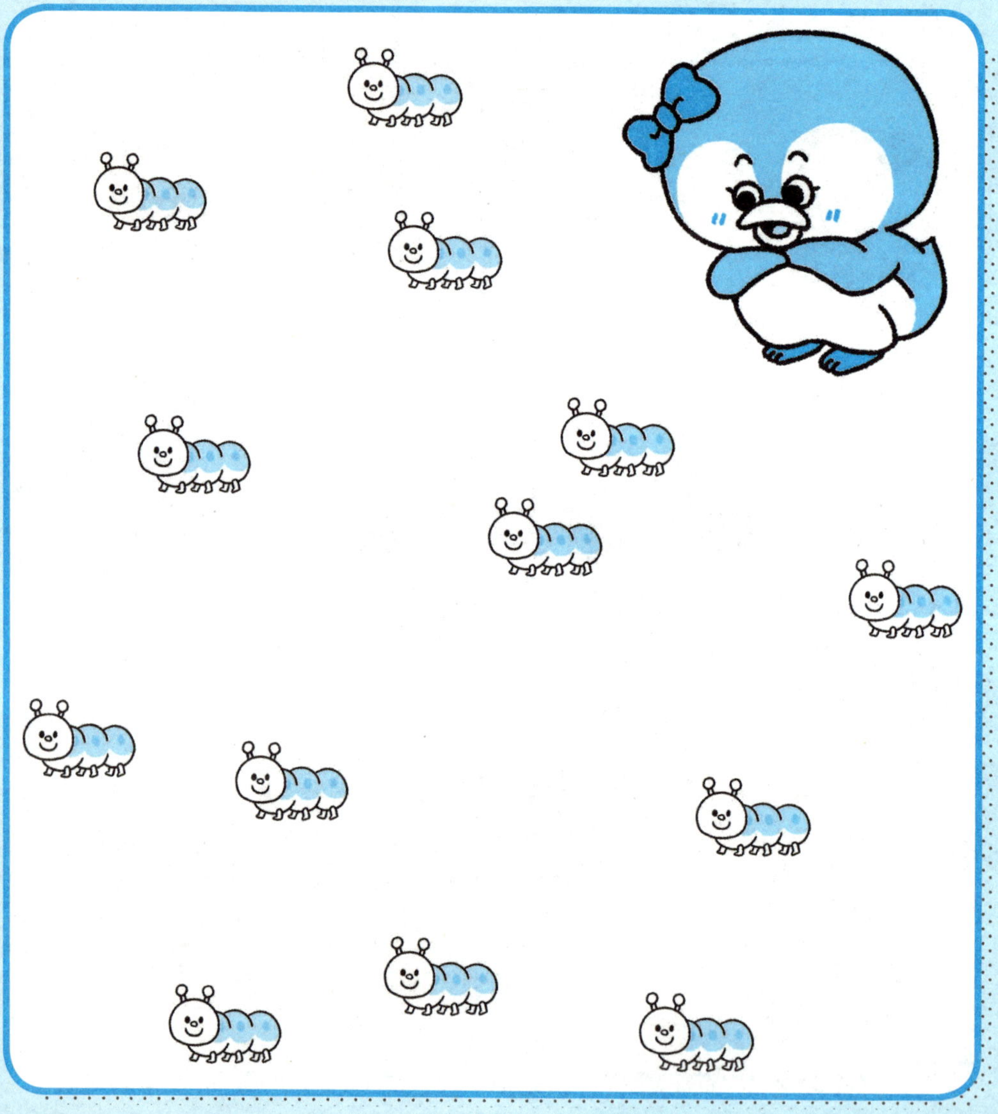

6 熊太在看什么呢？请你把它看的东西圈出来。

八 （左脑）连点成字

1 请你将点和点连在一起，写出汉字！
你还能在空白文字框中写出来吗？

八 （左脑）连点成字

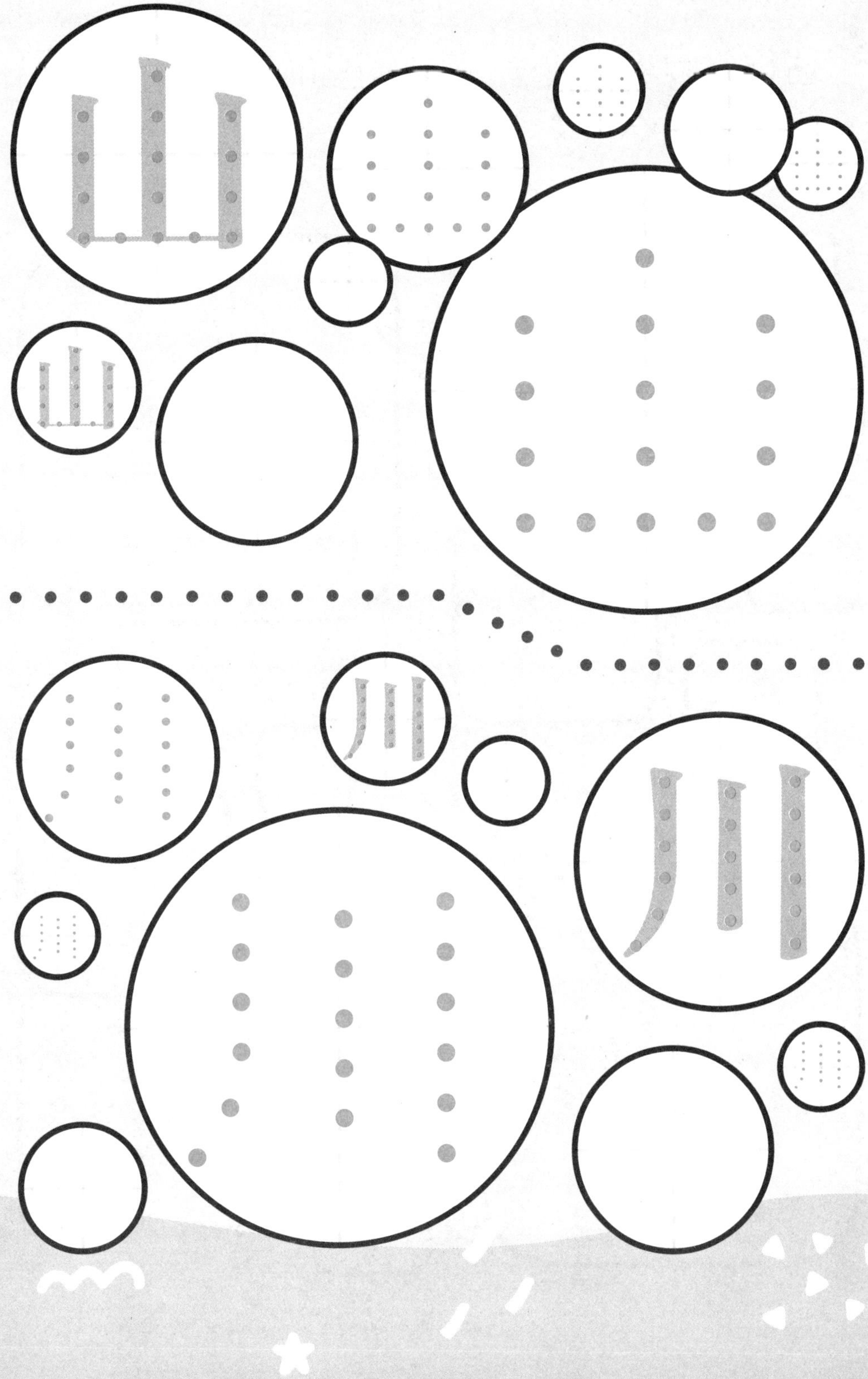

2

请你将点和点连在一起，写出汉字！
你还能在空白文字框中写出来吗？

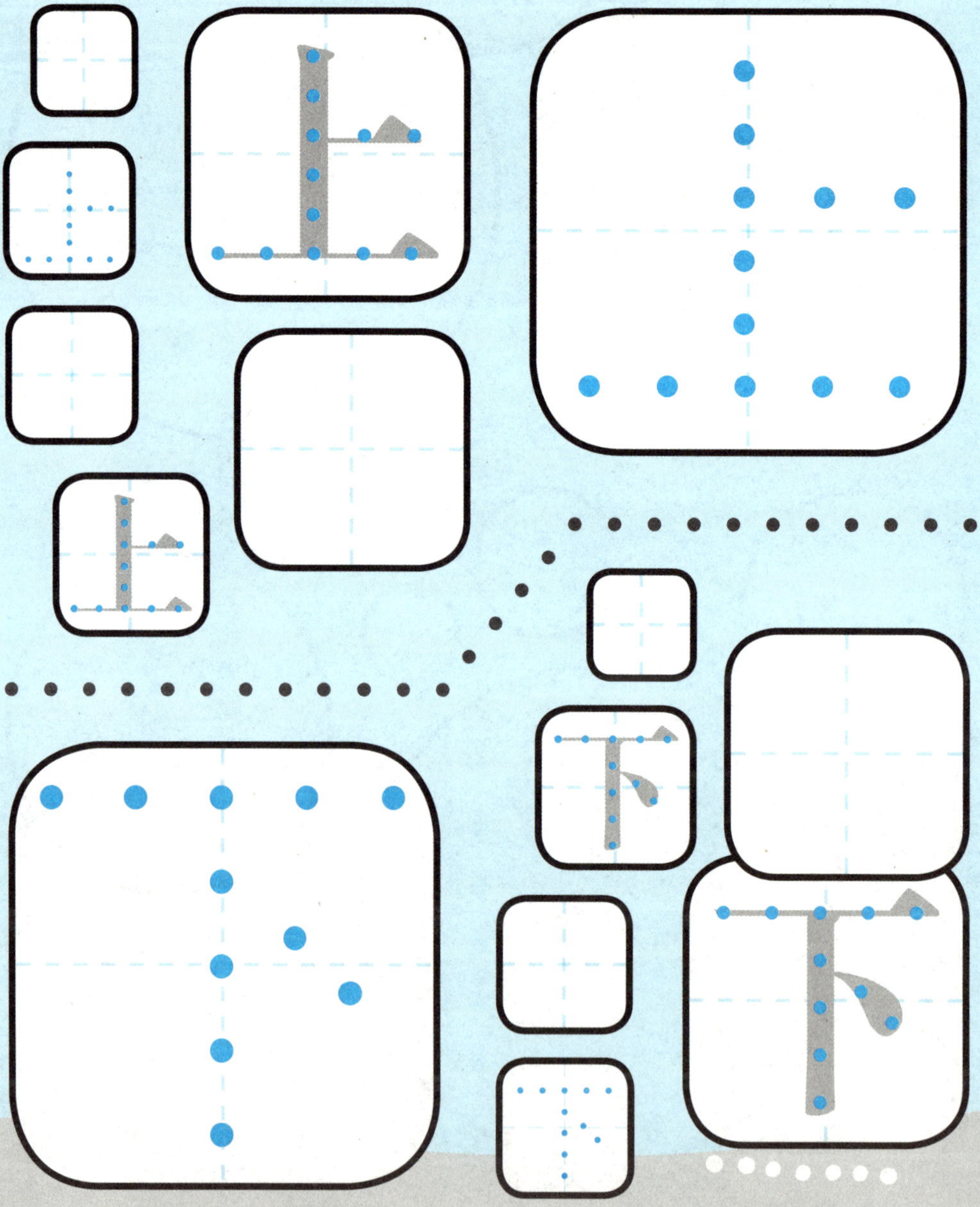

八 （左脑）连点成字

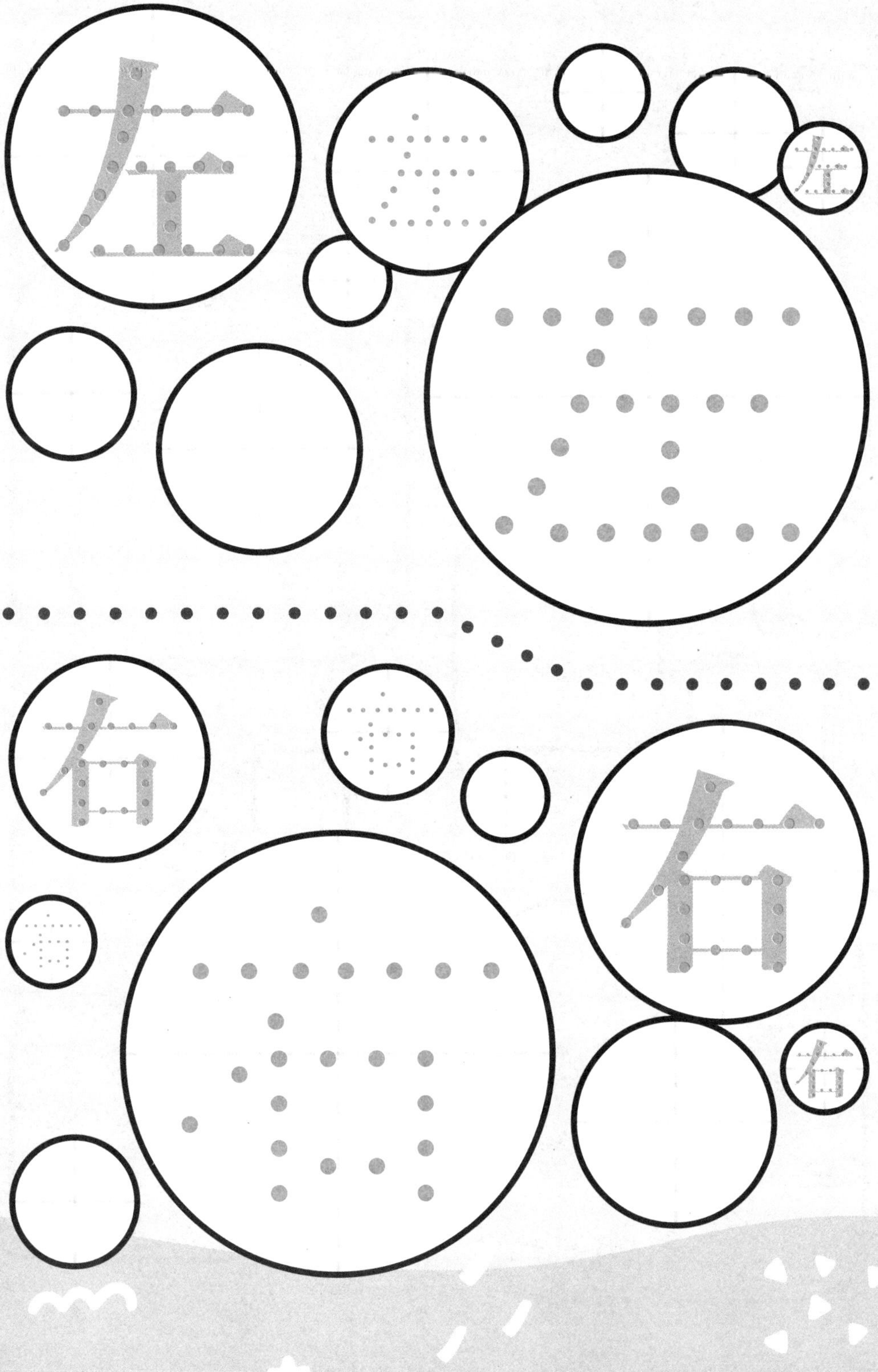

3 请你将点和点连在一起，写出汉字！
你还能在空白文字框中写出来吗？

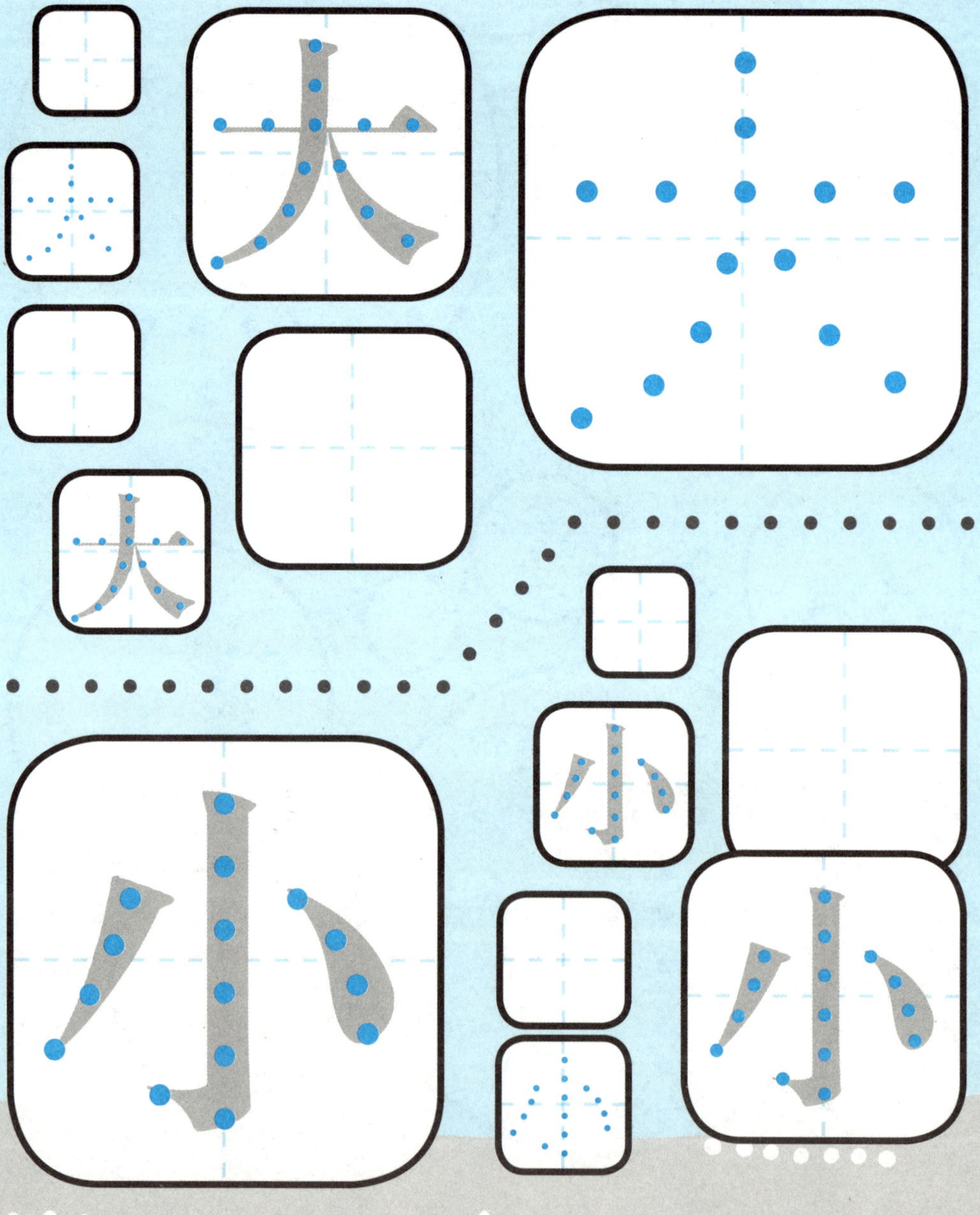

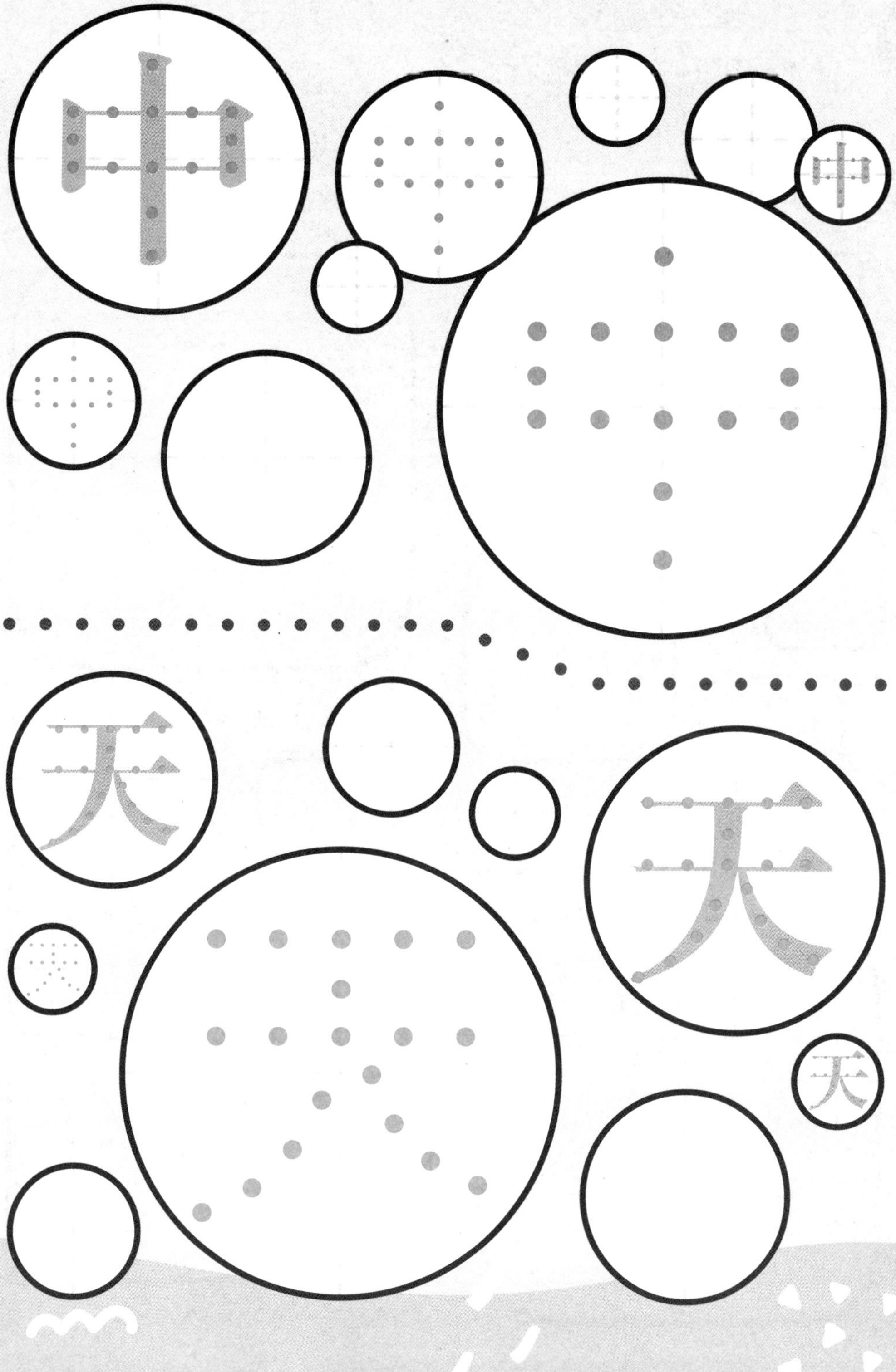
中
天

4 请你将点和点连在一起，写出汉字！
你还能在空白文字框中写出来吗？

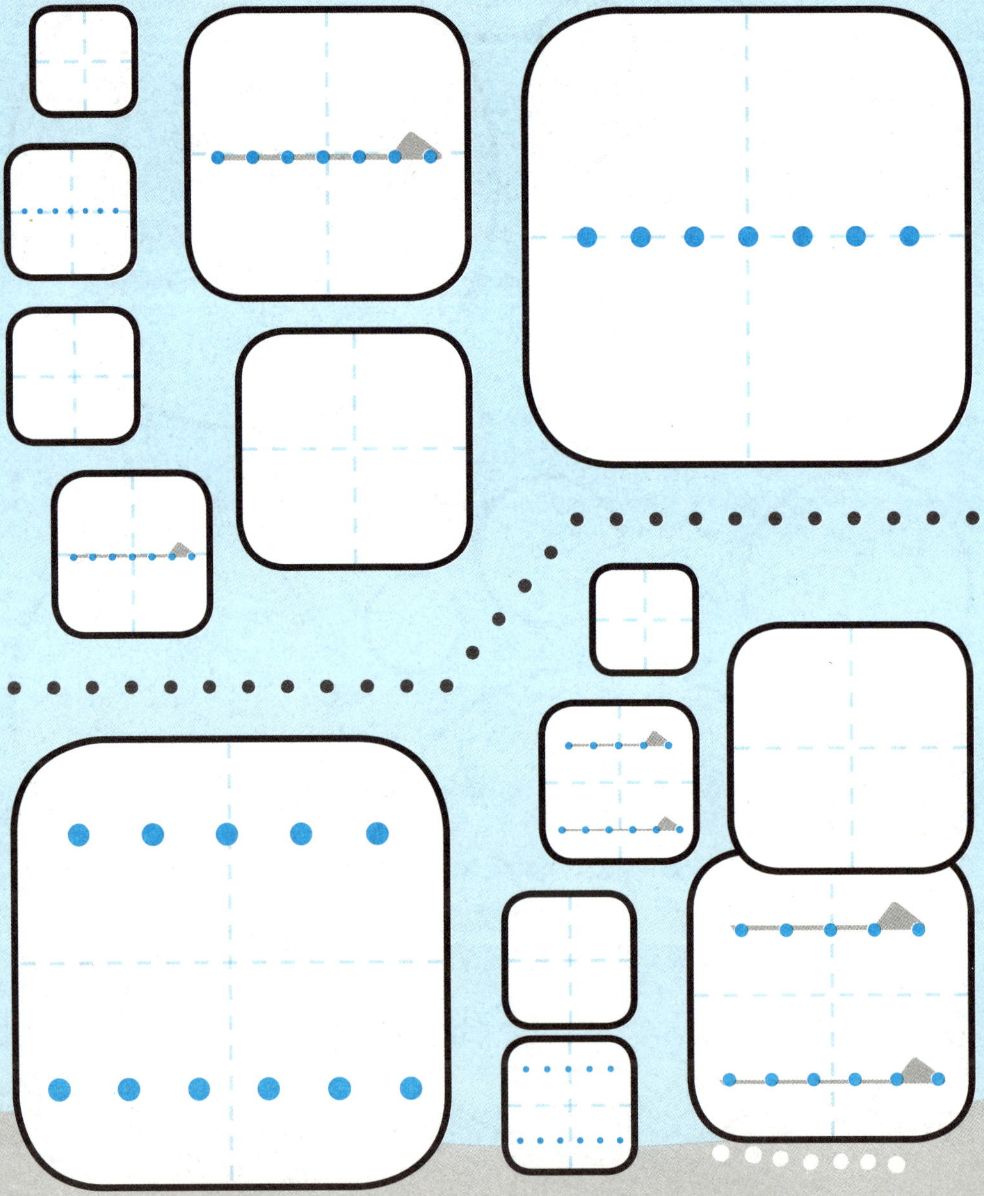

八（左脑）连点成字

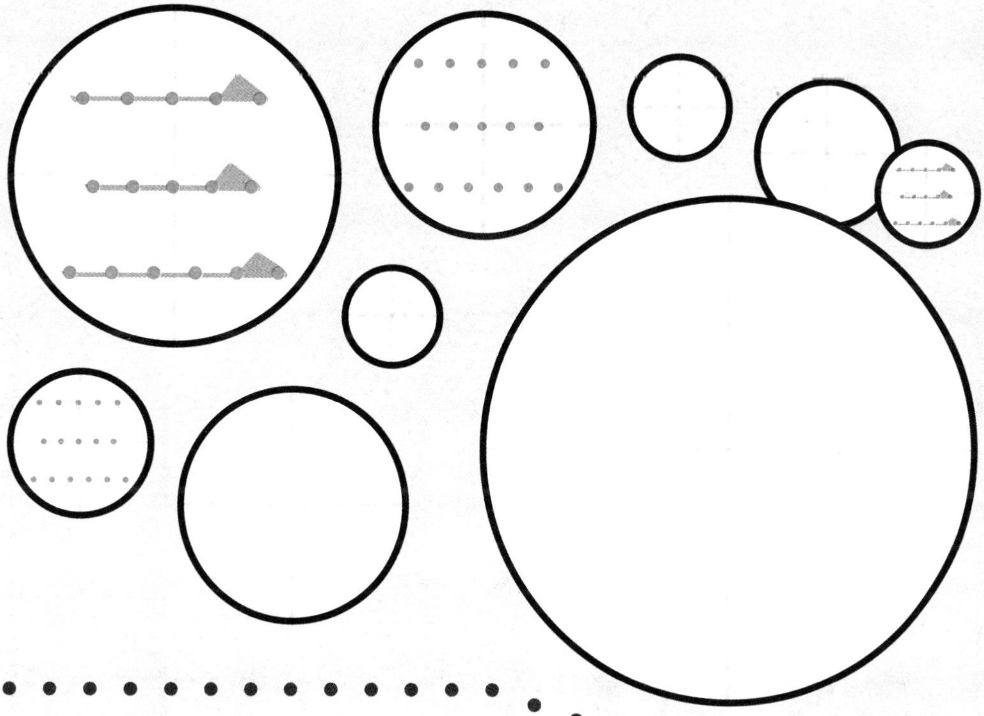

九 （左脑）词语连线

1

下框中画的是什么？请你用线连上它们的名称，一边读一边画吧！

抓住大脑发育黄金期

 虫· ·山

 鞋· ·子

 羽· ·子

 大· ·毛

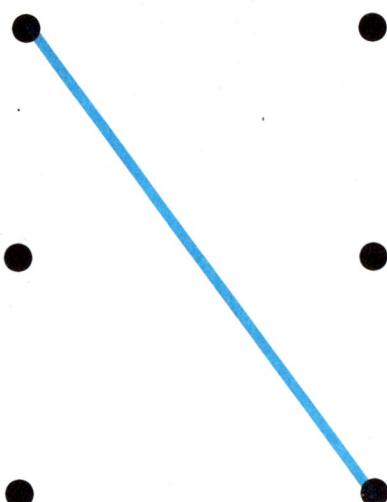

2 下框中画的是什么？请你用线连上它们的名称，一边读一边画吧！

蜜•　　•朵

云•　　•船

轮•　　•蜂

下•　　•雪

3 下框中画的是什么？请你用线连上它们的名称，一边读一边画吧！

	种•	•匙
	钥•	•子
	小•	•果
	糖•	•鸟

4 下框中画的是什么？请你用线连上它们的名称，一边读一边画吧！

 月• •猫

 花• •糕

 小• •朵

 年• •亮

5 下框中画的是什么？请你用线连上它们的名称，一边读一边画吧！

	兔•	•水
	河•	•子
	樱•	•偶
	木•	•花

6 下框中画的是什么？请你用线连上它们的名称，一边读一边画吧！

 核· ·贝

 扇· ·碗

 双· ·桃

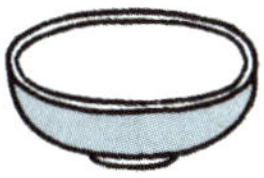 饭· ·胞 ·胎

7

下框中画的是什么？请你用线连上它们的名称，一边读一边画吧！

 海• •火• •虫

 萤• •子

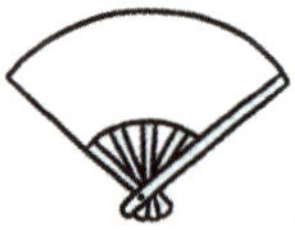 扇• •鸥

•头•

 笔• •菜

8 下框中画的是什么？请你用线连上它们的名称，一边读一边画吧！

	不•	•叶•	•翁
	枫•	•倒•	•菜
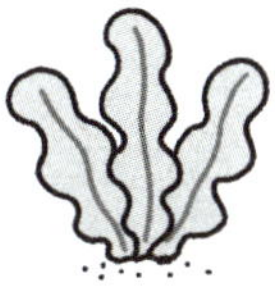	裙•	•笼	
	鸟•		•带•

十 （左脑）识钟练习

1 寻找钟表中的错误！请你圈出错误的部分。

2 寻找钟表中的错误！请你圈出错误的部分。

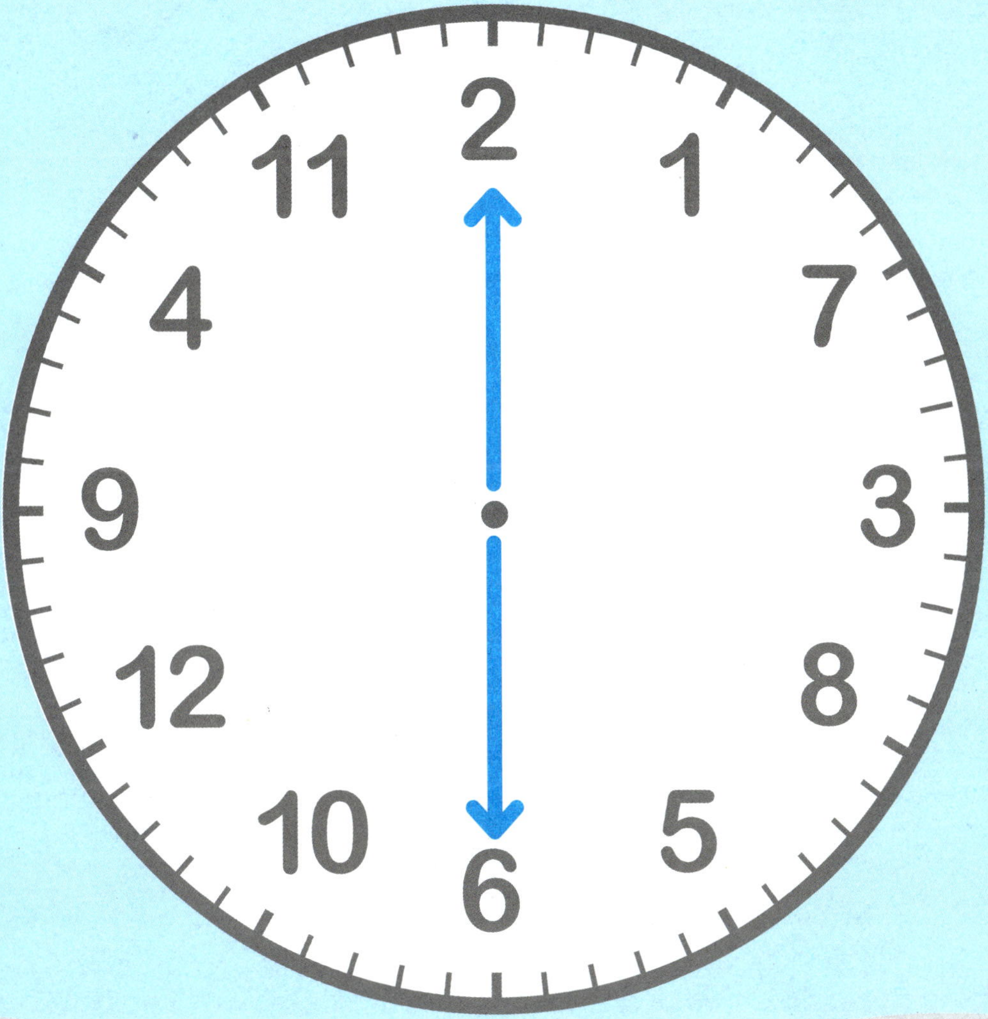

3 补全钟表！请你在方框中填上数字！现在是几点呢？

（　　）点（……）

4 补全钟表！请你在方框中填上数字！请画上9点整的分针。

5

补全钟表！请你根据标出的时间画上分针。

7点

12点半

2点20分

12点

6 补全钟表！请你根据标出的时间画上分针。

6 点

3 点 10 分

8 点 40 分

6 点半

7 补全钟表！请你在方框中填上数字！现在是几点呢？

(　　)点(　　)分

(　　)点(　　)分

(　　　　)点

(　　)点(　　)分

8 请你根据自己的作息画出时针和分针。学会守时！

早上醒来的时间

去学校的时间

吃午饭的时间

晚上睡觉的时间

十一 （左脑）寻找文字

1

寻找与“末”不同的文字。请你一边读一边将文字用○圈出来。

2

寻找与“女”不同的文字。请你一边读一边将文字用△圈出来。

3

寻找与“几”不同的文字。请你一边读一边将文字用□圈出来。

4

寻找与“以”不同的汉字。请你一边读一边将文字用○圈出来。

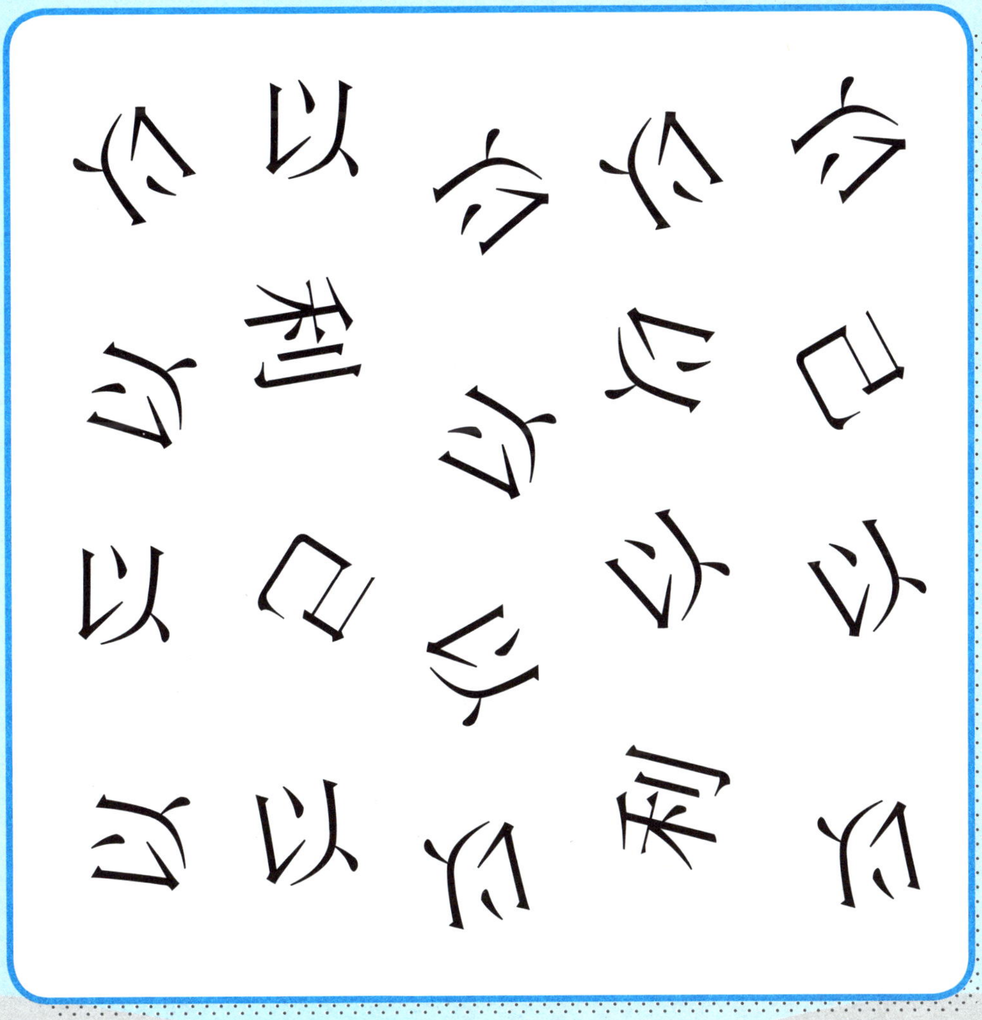

5

寻找与“阿”不同的文字。请你一边读一边将文字用△圈出来。

6

寻找与“曾”不同的文字。请你一边读一边将文字用□圈出来。

曾	曾	曾	利
之	曾	曾	曾
曾	曾	曾	之
曾	利	曾	曾

十二 （左脑）描线朗读

1 请你大声朗读句子，一边读一边把虚线连成实线吧！（注意阴影部分要重读哦！）

“魔法师

刚才用

恐怖的

眼神

看了看我们。”

小熊猫

一脸吃惊地

听小老鼠说。

“嗨！

小熊猫，

请听听我的遭遇！

小老鼠

一边发抖

一边说。

2 请你大声朗读句子，一边读一边把虚线连成实线吧！（注意阴影部分要重读哦！）

“但房子里储存的食物

全被魔法师拿走了。

昨天他还在我们家门前

嘟嘟囔囔地念着什么。”

小熊猫不解地歪了歪头。

“魔法师为什么要做这种事呢？

他怎么了？”

"啊！魔法师吗？

发生了什么吗？"

小老鼠无助地看着熊太，

想要寻求它的帮助。

"前阵子，魔法师袭击了

猫妈妈的家，

还好它们没有受伤"。

3 请你大声朗读句子，一边读一边把虚线连成实线吧！（注意阴影部分要重读哦！）

小熊猫

决定

去魔法师那里

一探究竟。

“魔法师，

晚上好！

我想问您

几件事。”

4 请你大声朗读句子，一边读一边把虚线连成实线吧！（注意阴影部分要重读哦！）

“小熊猫，晚上好。

你有什么事吗？”

魔法师扭过脸问。

“我听说了您对猫妈妈做的事。

您到底怎么了？”

小熊猫看着魔法师的眼睛，

直言不讳地问。

"你指的是什么事?

我什么都不知道。"

魔法师不再说话,

走进自己家中。

"真奇怪。他好像中了某种诅咒。"

小熊猫为了解开魔法师的诅咒,

决定钻研文字和数字。

十三 （左脑）寻找名称

1 方格中藏着 5 种海洋生物的名称，请你把它们圈出来。

加	章	鱼	宇
水	母	计	海
鲸	奈	无	龟
鱼	几	鲨	鱼

2 方格中藏着 5 种教学用具的名称，请你把它们圈出来。

双	太	寸	己	也
肩	奈	川	书	桌
带	名	粉	笔	盒
书	牌	以	黑	知
包	川	保	板	几

3

方格中藏着 5 种水果的的名称，请你把它们圈出来。

左	樱	桃	无	苹
宇	寸	毛	几	果
以	西	美	橘	子
波	瓜	草	莓	己
毛	女	吕	武	奈

4

方格中藏着动物的名称，请你把它们圈出来。一共有几种动物呢？

（　　　　）种

大	猴	犀	牛	狗
猩	栗	鼠	羚	一
猩	海	獭	野	鹿
和	女	熊	猪	河
大	象	马	武	马

5

方格中藏着花的名称，请你把它们圈出来。一共有几种花呢？

（　　　　　）种

铃	兰	良	无	太	大
止	风	信	子	蒲	波
杜	鹃	花	向	公	斯
与	山	蔷	日	英	菊
美	茶	薇	葵	菊	花
知	花	一	郁	金	香

6

方格中藏着交通工具的名称，请你把它们圈出来。一共有几种交通工具呢？

（　　　　）种

直	升	飞	机	出	一
巡	逻	车	一	租	自
阿	良	帆	由	车	行
与	卡	船	巴	一	车
江	车	散	士	不	之
久	礼	一	起	重	机

十四 （左脑）数字连线

1 小熊猫正在学习数字咒语，请你帮忙把相同的数字用线连在一起吧！

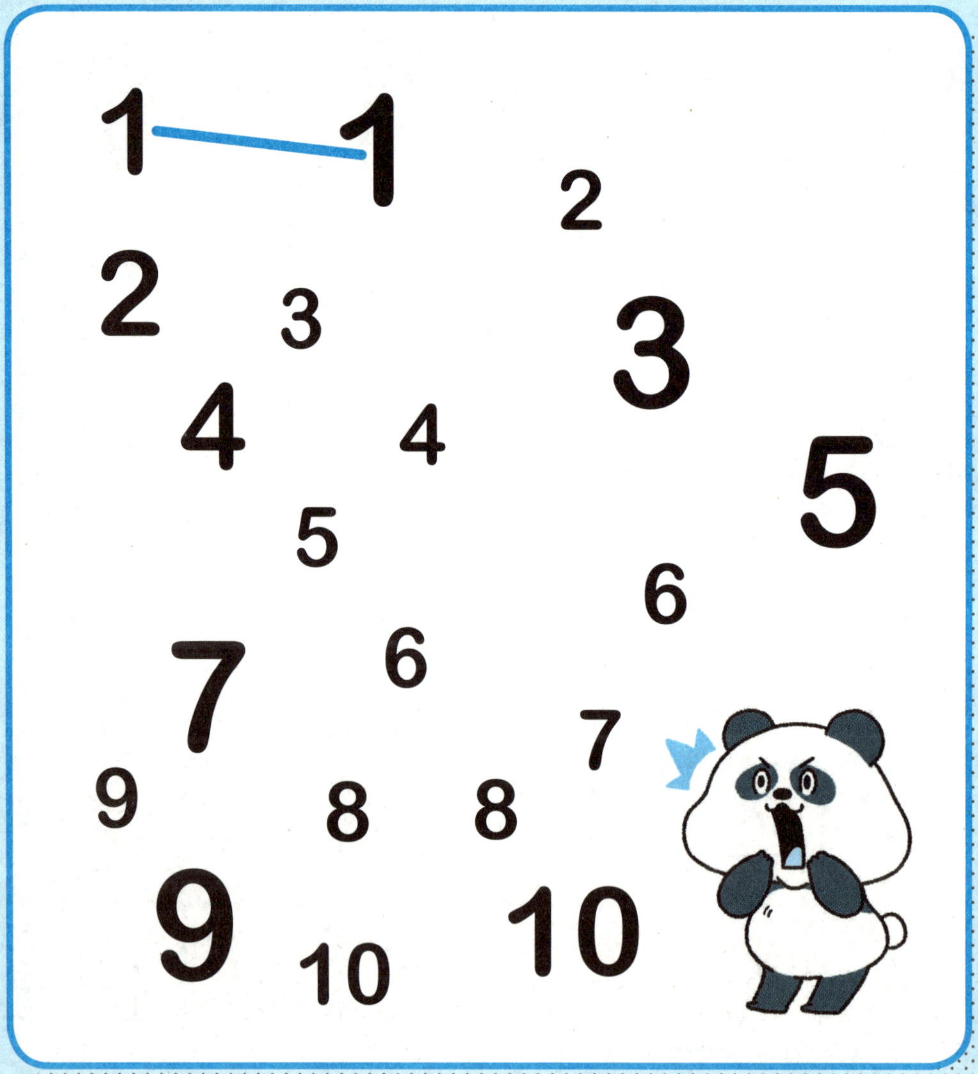

2 请你帮企鹅妹把相同的数字用线连在一起吧！

3 请你按顺序从 1 开始将数字用直线连起来！

4

请你把 3 涂成黑色，把 9 涂成褐色，把 5 涂成红色，数字格会变成一幅画哦！

会变成什么画呢？（　　　　　　）

4	7	0	2	8	3	8	1	7
0	1	6	4	3	4	0	2	6
2	4	8	9	3	9	6	4	0
8	2	9	5	3	5	9	8	4
1	9	5	5	3	5	5	9	7
4	9	5	3	3	3	5	9	0
7	9	5	5	5	5	5	9	6
0	4	9	5	5	5	9	7	8
1	8	6	9	9	9	8	1	4
7	2	0	4	8	2	6	2	0

5

熊太对魔法师使出数字光束，解开了他中的诅咒（提示请见第 91 页）。

2	9	5	3	7	2	0	4	7	0	5	3
5	0	4	0	5	9	3	5	2	9	7	4
3	7	2	3	2	4	0	9	7	5	3	2
9	0	5	9	0	7	3	4	2	0	4	0
4	3	4	2	4	9	5	7	9	7	3	1
0	2	7	5	7	1	1	1	1	1	1	8
9	5	1	1	1	3	9	8	8	8	8	8
2	1	1	3	8	8	8	8	8	9	2	3
					8	8	8	2	3	4	6
					8	8	3	4	6	6	6
					6	6	6	6	6	6	0
						6	6	6	4	3	9
						6	0	7	2	7	5
						2	5	9	5	9	0

请你把 8 涂成黄色，把 1 涂成浅绿色，把 6 涂成橙色！

2	3	4	0	3	2	5	0				
0	5	9	5	4	7	3	1				
3	7	2	7	7	1	1	8				
9	7	1	1	1	8	8	6				
1	1	3	8	8	8	6	4				
8	8	8	6	6	6	9	3				
8	3	9	6	4	9	5	7	9	0	5	2
9	2	6	3	7	3	4	2	5	4	3	7
6	6	7	5	2	5	0	9	3	2	9	4
7	9	4	0	9	4	7	5	7	0	3	5
5	2	7	3	5	2	3	2	4	5	9	7
3	4	5	9	7	9	5	0	9	3	0	2
9	0	7	2	4	0	7	2	5	7	5	4
4	5	4	3	9	3	5	4	3	0	9	3

十五 （右脑·左脑）复习回顾

魔法师变回了原来的样子，它是一只狐狸。小老鼠和熊太都很开心！

根据已经做过的益智游戏，请你回答 5 个问题！

① 熊太对魔法师做了什么呢？

（　　　　　　　　　　　　　　　　）

② 左图的小老鼠们为什么会如此高兴呢？

（　　　　　　　　　　　　　　　　）

③ 左图中缺少的熊太的朋友是谁呢？

（　　　　　　　　　　　　　　　　）

④ 狐狸把自己变成了什么模样呢？

（　　　　　　　　　　　　　　　　）

⑤ 魔法师给谁和谁留下了恐怖的回忆呢？

（　　　　　　）和（　　　　　　）

答案页

一 第 2~3 页（右脑）辨识表情

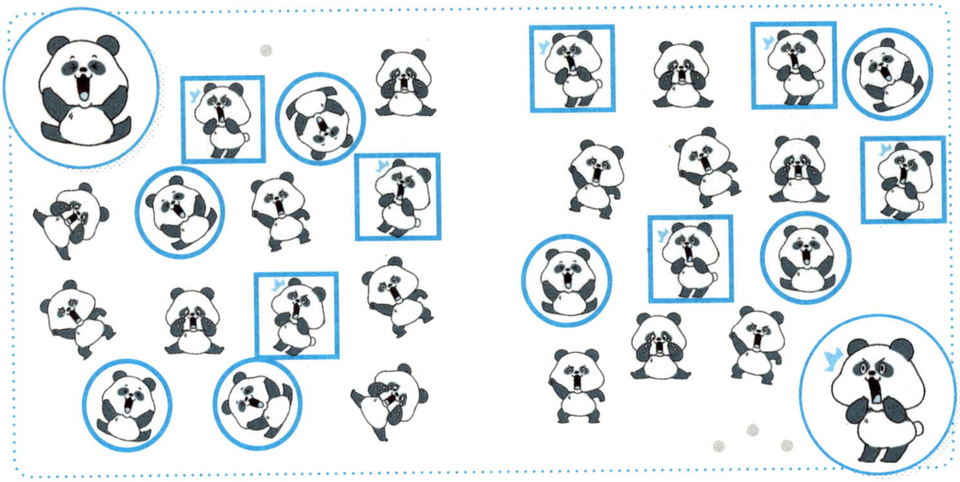

一 第 4~5 页（右脑）辨识表情

一 第 6 页（右脑）辨识表情

一 第 7 页（右脑）辨识表情

答案页

二 第 8~9 页（右脑）寻找不同

二 第 10 页（右脑）寻找不同

二 第 11 页（右脑）寻找不同

二 第 12 页（右脑）寻找不同

三 第 13 页（左脑）观察日历

① 1月

日	一	二	三	四	五	六
	1	2	3	4	5	6
⑦	8	9	10	11	12	13
⑭	15	16	17	18	19	20
㉑	22	23	24	25	26	27
㉘	29	30	31			

②（ 5 ）个

③（ 元旦 ）

三 第 14 页（左脑）观察日历

① ② 2 月

日	一	二	三	四	五	六
				1	2	△3
4	5	6	7	8	9	△10
11	12	13	14	15	16	△17
18	19	20	21	22	23	△24
25	26	27	28	㉙		

③（ 19 ）日

三 第 15 页（左脑）观察日历

①

10 月

日	一	二	三	四	五	六
		1	2	3	4	5
6	7	8	9	10	11	12
13	14	15	16	17	18	19
20	21	22	23	24	25	26
27	28	29	30	31		

② 星期（ 一 ）

③（ 7 ）岁

三 第 17 页（左脑）观察日历

①②③④⑤

日	一	二	三	四	五	六
		1	2	3	4	5
6	7	8	9	10	11	12
13	14	15	16	17	18	19
20	21	22	23	24	25	26
27	28	29	30	31		

三 第 18 页 （左脑）观察日历

① ② （ 12 ）月 ③ 星期（ 三 ）

日	一	二	三	四	五	六
1	2	3	4	5	6	7
8	9	10	11	12	13	14
15	16	17	18	19	20	21
22	23	24	25	26	27	28
29	30	31				

四 第 19~20 页 （左脑）锻炼记忆

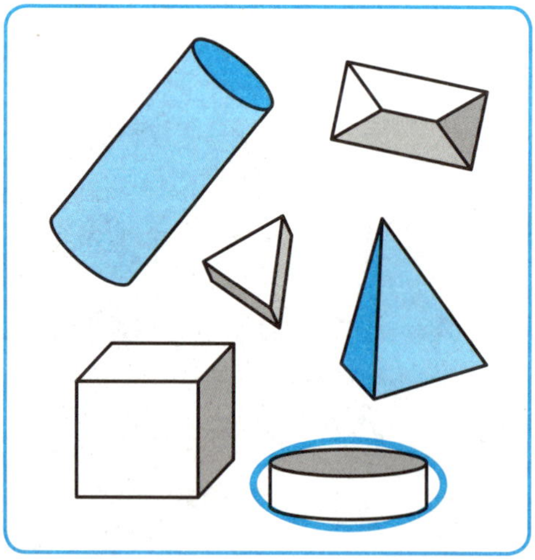

四 第21~22页（右脑）锻炼记忆

四 第23~24 锻炼记忆

（ 飞机 ）

五 第25页（右脑）排列顺序

答案页

五 第 26 页（右脑）排列顺序

五 第 27 页（右脑）排列顺序

五 第 28 页（右脑）排列顺序

五 第 29 页（右脑）排列顺序

答案页

七 第 36 页（右脑）连接视线

七 第 37 页（右脑）连接视线

七 第 38 页（右脑）连接视线

七 第 39 页（右脑）连接视线

答案页

七 第 40 页 （右脑）连接视线

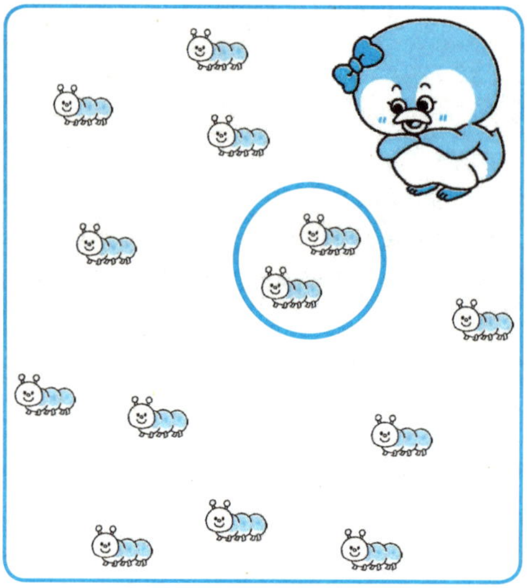

七 第 41 页 （右脑）连接视线

注：只要圈定在一定范围内，都算正确答案。

九 第 50 页（左脑）词语连线

虫 → 子
鞋 → 子
羽 → 毛
大 → 山

山
子
子
毛

九 第 51 页（左脑）词语连线

蜜 → 蜂
云 → 朵
轮 → 船
下 — 雪

朵
船
蜂
雪

九 第 52 页（左脑）词语连线

种 → 子
钥 → 匙
小 → 鸟
糖 → 果

匙
子
果
鸟

九 第 53 页（左脑）词语连线

月 → 亮
花 → 朵
小 → 猫
年 → 糕

猫
糕
朵
亮

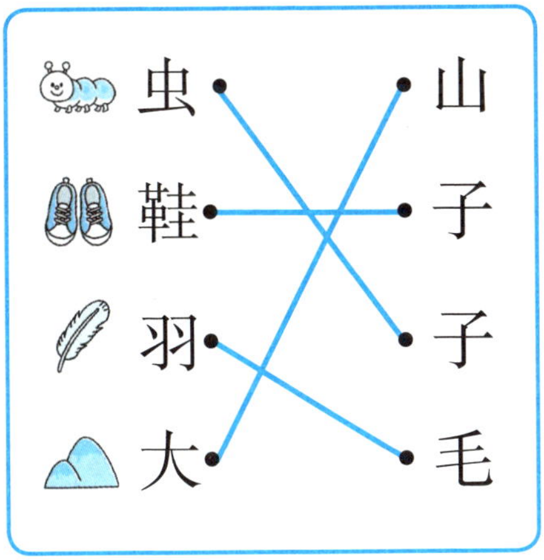

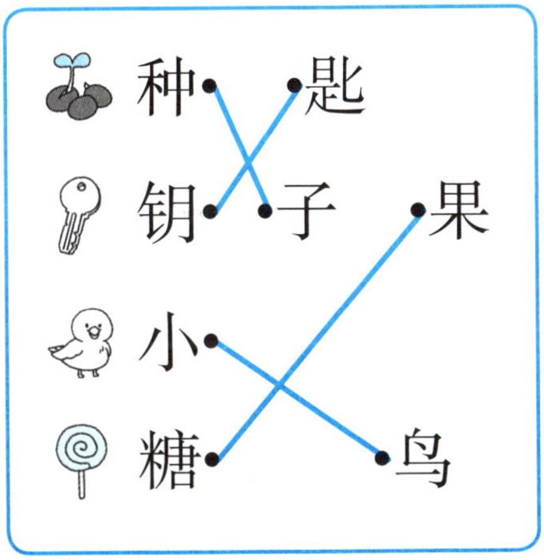

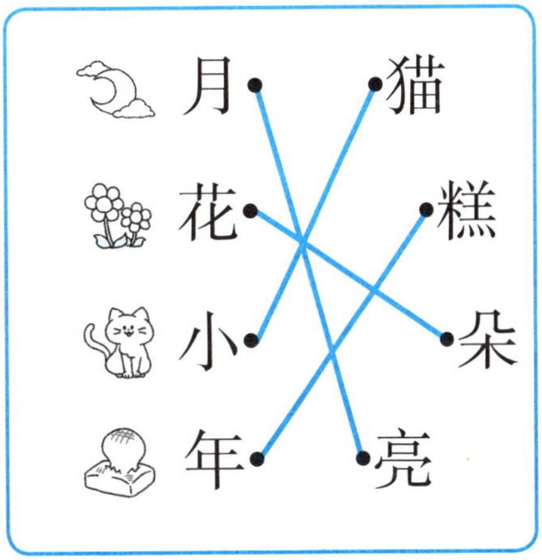

答案页

九 第 54 页（左脑）词语连线

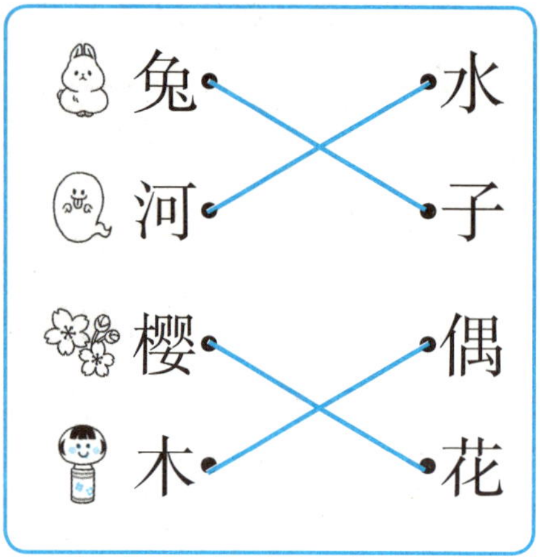

九 第 55 页（左脑）词语连线

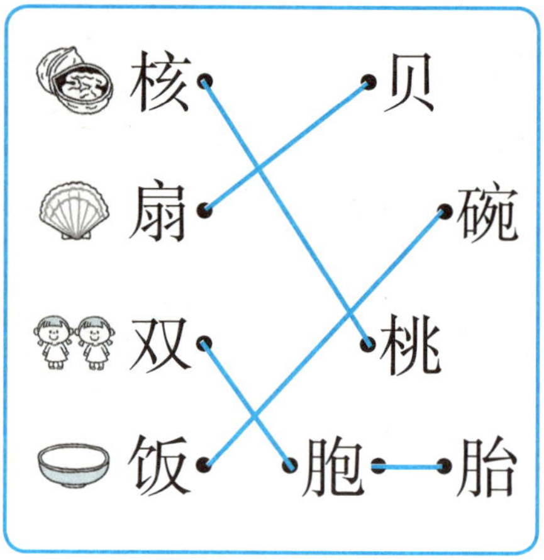

九 第 56 页（左脑）词语连线

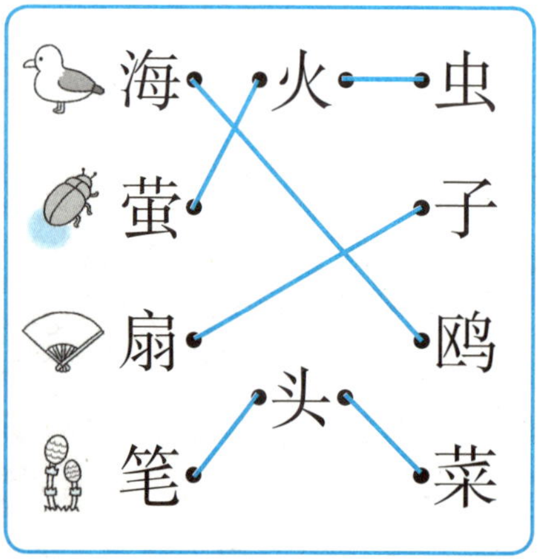

九 第 57 页（左脑）词语连线

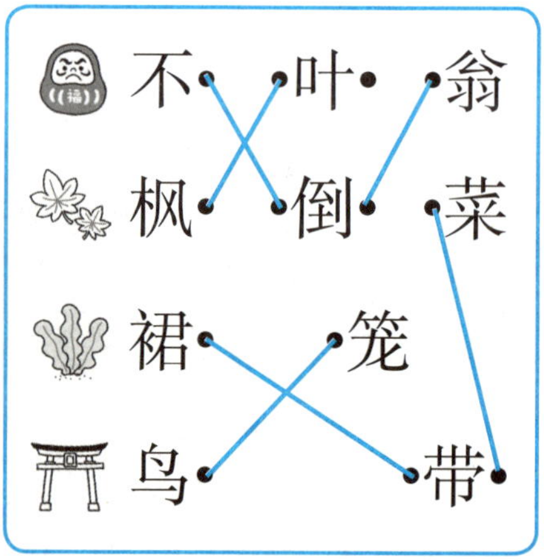

第 58 页 （左脑）识钟练习

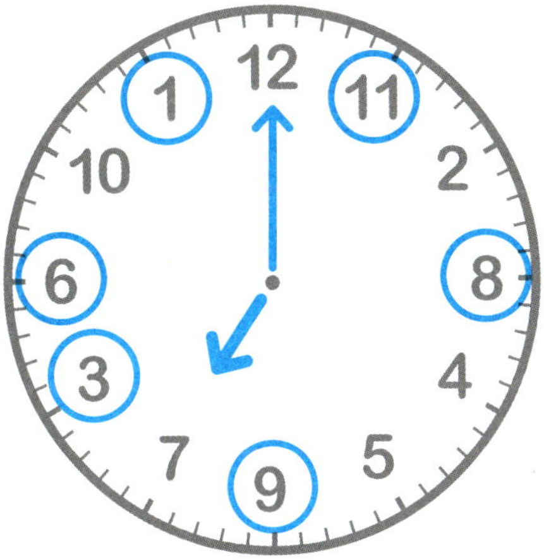

第 59 页 （左脑）识钟练习

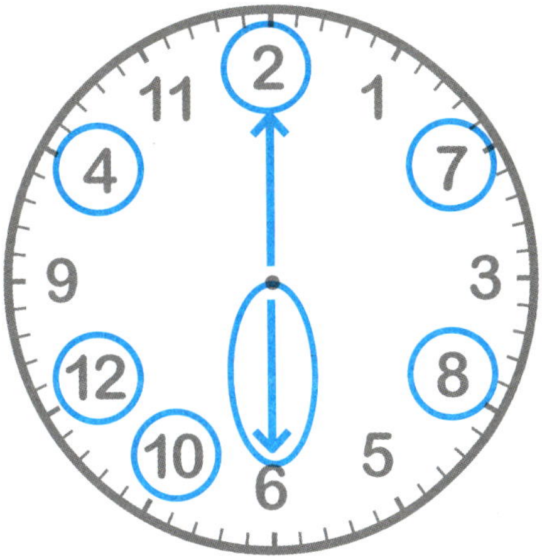

第 60 页 （左脑）识钟练习

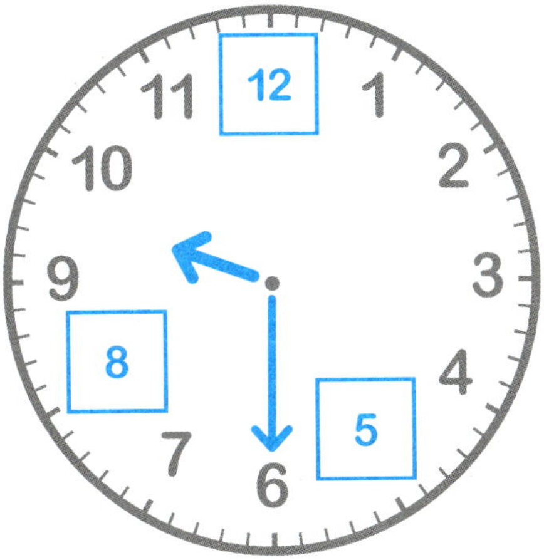

（ 9 ）点（ 半 ）

第 61 页 （左脑）识钟练习

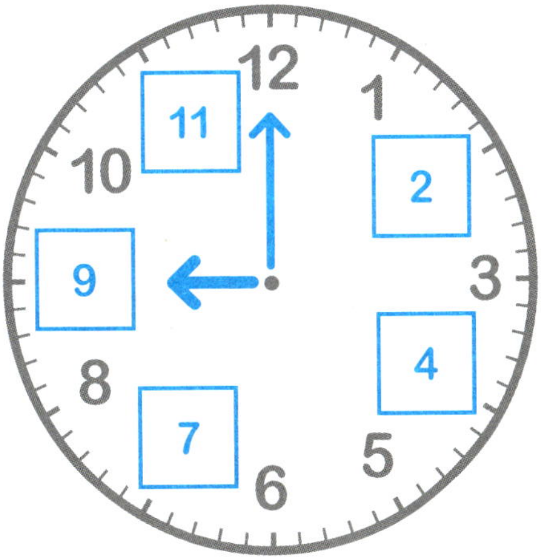

答案页

十 第 62 页 （左脑）识钟练习

7 点

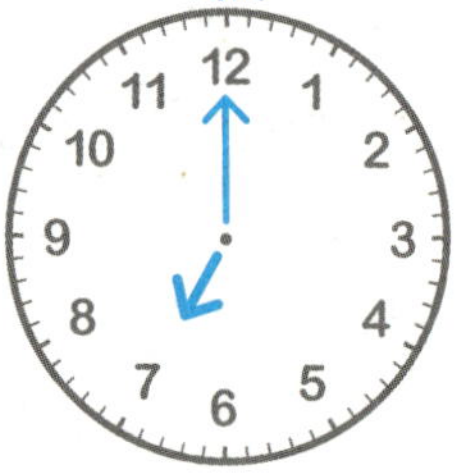

12 点 30 分

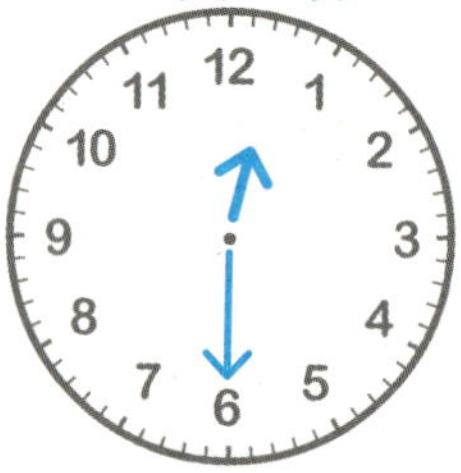

2 点 20 分

12 点

十 第 63 页 （左脑）识钟练习

6 点

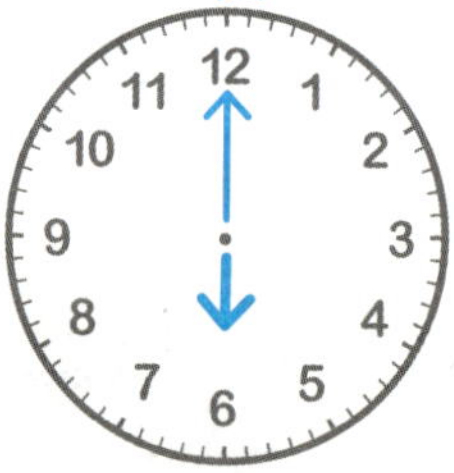

3 点 10 分

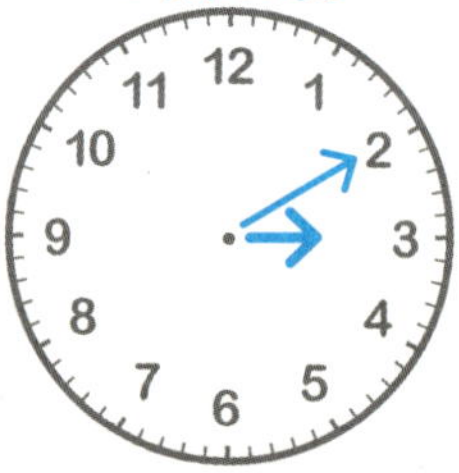

8 点 40 分

6 点 30 分

十 第 64 页（左脑）识钟练习

（10）点（25）分

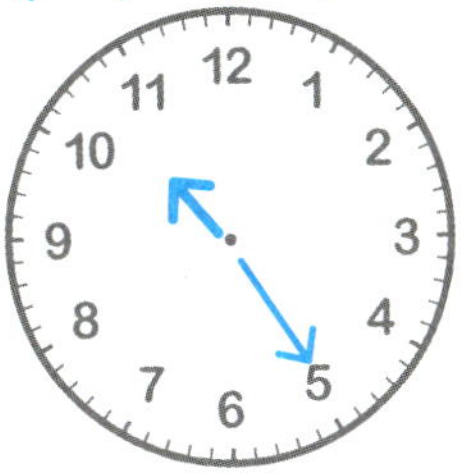

（4）点（50）分

（11）点

（6）点（45）分

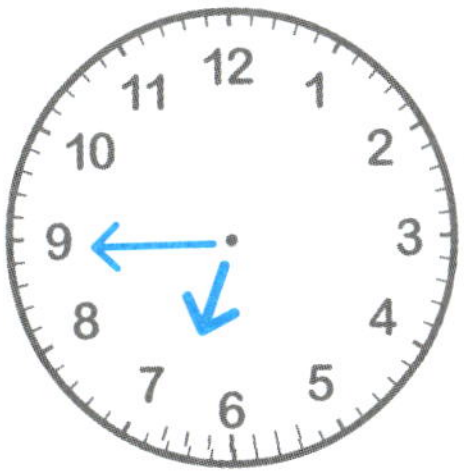

十一 第 66 页（左脑）寻找文字

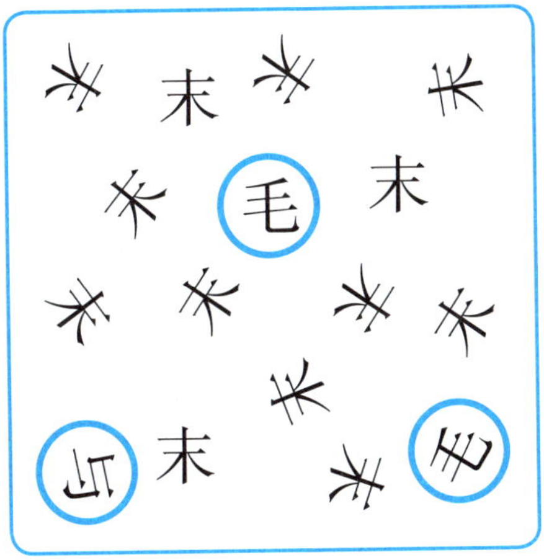

十一 第 67 页（左脑）寻找文字

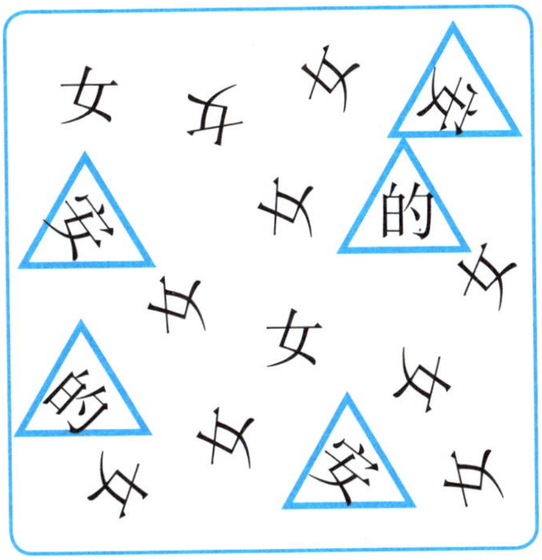

答案页

十一 第 68 页（左脑）寻找文字

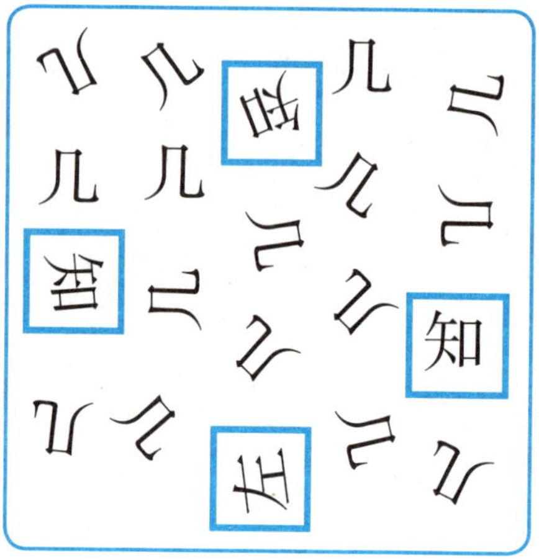

十一 第 69 页（左脑）寻找文字

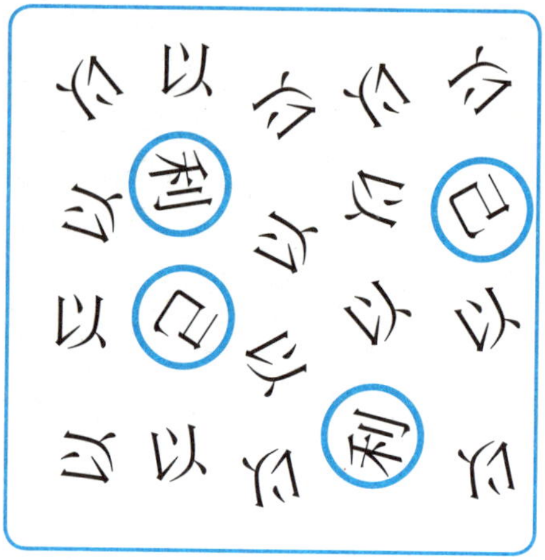

十一 第 70 页（左脑）寻找文字

十一 第 71 页（左脑）寻找文字

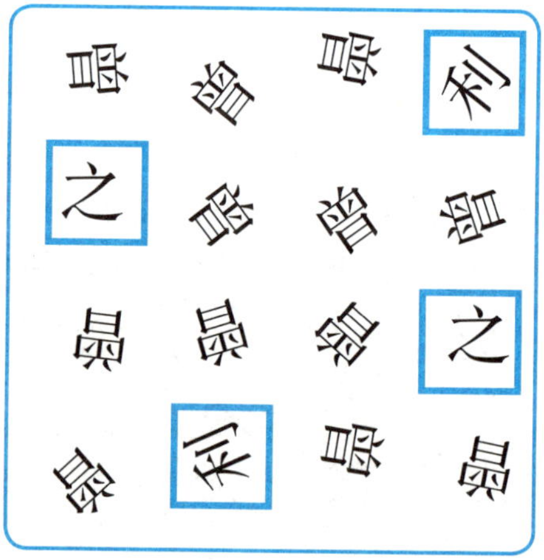

十三 第 80 页（左脑）寻找名称

加	章	鱼	宇
水	母	计	海
鲸	奈	无	龟
鱼	几	鲨	鱼

十三 第 81 页（左脑）寻找名称

双	太	寸	己	也
肩	奈	川	书	桌
带	名	粉	笔	盒
书	牌	以	黑	知
包	川	保	板	几

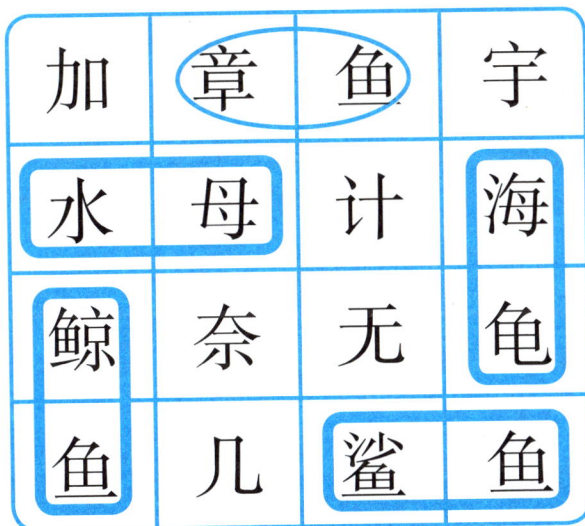

十三 第82页 （左脑）寻找名称

左	樱	桃	无	苹
宇	寸	毛	几	果
以	西	美	橘	子
波	瓜	草	莓	己
毛	女	吕	武	奈

十三 第83页 （左脑）寻找名称

大	猴	犀	牛	狗
猩	栗	鼠	羚	一
猩	海	獭	野	鹿
和	女	熊	猪	河
大	象	马	武	马

（ 13 ）种

十三 **第 84 页** （左脑）寻找名称

铃	兰	良	无	太	大
止	风	信	子	蒲	波
杜	鹃	花	向	公	斯
与	山	蔷	日	英	菊
美	茶	薇	葵	菊	花
知	花	一	郁	金	香

（ 10 ）种

十三 **第 85 页** （左脑）寻找名称

直	升	飞	机	出	一
巡	逻	车	一	租	自
阿	良	帆	由	车	行
与	卡	船	巴	一	车
江	车	散	士	不	之
久	礼	一	起	重	机

（ 8 ）种

答案页

十四 第 86 页（左脑）数字连线

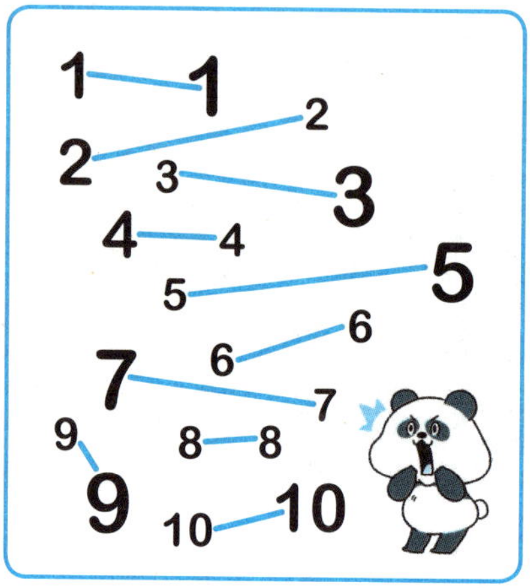

十四 第 87 页（左脑）数字连线

十四 第 88 页（左脑）数字连线

十四 第 89 页（左脑）数字连线

4	7	0	2	8		8	1	7
0	1	6	4		4	0	2	6
2	4	8	9		9	6	4	0
8	2	9	5		5	9	8	4
1	9	5	5		5	5	9	7
4	9	5				5	9	0
7	9	5	5	5	5	5	9	6
0	4	9	5	5	5	9	7	8
1	8	6	9	9	9	8	1	4
7	2	0	4	8	2	6	2	0

（ 苹果 ）

十四 第 90–91 页 （左脑）数字连线

2	9	5	3	7	2	0	4	7	0	5	3
5	0	4	0	5	9	3	5	2	9	7	4
3	7	2	3	2	4	0	9	7	5	3	2
9	0	5	9	0	7	3	4	2	0	4	0
4	3	4	2	4	9	5	7	9	7	3	1
0	2	7	5	7	1	1	1	1	1	1	8
9	5	1	1	1	3	9	8	8	8	8	8
2	1	1	3	8	8	8	8	8	9	2	3
					8	8	8	2	3	4	6
					8	8	3	4	6	6	6
					6	6	6	6	6	6	0
						6	6	6	4	3	9
						6	0	7	2	7	5
						2	5	9	5	9	0

2	3	4	0	3	2	5	0				
0	5	9	5	4	7	3	1				
3	7	2	7	7	1	1	8				
9	7	1	1	1	8	8	6				
1	1	3	8	8	8	6	4				
8	8	8	6	6	6	9	3				
8	3	9	6	4	9	5	7	9	0	5	2
9	2	6	3	7	3	4	2	5	4	3	7
6	6	7	5	2	5	0	9	3	2	9	4
7	9	4	0	9	4	7	5	7	0	3	5
5	2	7	3	5	2	3	2	4	5	9	7
3	4	5	9	7	9	5	0	9	3	0	2
9	0	7	2	4	0	7	2	5	7	5	4
4	5	4	3	9	3	5	4	3	0	9	3

十五 第 92–93 页 （右脑 · 左脑）复习回顾

① （示例：熊太使用数字光束，解开了对魔法师的诅咒。）

② （示例：魔法师变回狐狸的样子，再也不会让小老鼠们感到害怕了。）

③ （企鹅妹）

④ （魔法师）

⑤ （小老鼠）和（小猫 / 猫妈妈）

反侵权盗版声明

举报电话：（010）88254396；（010）88258888

传　　真：（010）88254397

E-mail:　dbqq@phei.com.cn

通信地址：北京市万寿路 173 信箱

电子工业出版社总编办公室

邮　　编：100036